JN021610

目的志向で不確実性に勝つ

在庫戦略の教科書

古谷賢一

工 場 力 強 化 の 達 人 が 説 く 経 営 視 点 の 在 庫 論

日経BP

はじめに

　本書は在庫管理の実務者に向けた実践手法の解説書ではありません。「我が社の在庫はどうあるべきか」といった在庫の在り方を考えなくてはならない、経営や工場運営を担う管理者に向けて、在庫の意味および在庫戦略を考えるための指南書と位置付けています。

　今、企業の在庫に対する考え方に大きな変化の波が押し寄せています。「VUCA の時代」といわれるように、現在の社会情勢は、Volatility（変動性）、Uncertainty（不確実性）、Complexity（複雑性）、Ambiguity（曖昧性）の度合いが高まり、将来の予測が極めて困難な状況になっています。「在庫」という使い古されたテーマであるにもかかわらず、『日経ものづくり』2022 年 3 月号の特集記事「在庫を再考せよ」は、提起された問題の深刻さ故に多くの注目を集めました。

　現在、製造業は「3 重苦」によって混乱しています。3 重苦とは「部材不足」「部材価格の高騰」「物流の停滞」のことです。これらによって、意図しない減産や操業の停止、自社のコントロールを超えた原因による納期遅れ、そして、あらゆるものの大幅な値上げが引き起こされているのです。

　例えば、半導体の事例で考えてみると、本書を執筆している2022 年下期においても、いまだに供給不安によって、自動車や家電製品の減産が続いています。しかし、その原因は極めて複雑で

す。新型コロナウイルス感染症によるパンデミック（世界的大流行）以前から、米中貿易摩擦や半導体需要の急増などによって供給不足は発生していました。しかし、新型コロナによる生産網や物流網の停滞、国際的な社会情勢に起因したサプライチェーン（供給連鎖）構造の変化、原油価格の高騰、そして相次ぐ自然災害や人災による半導体の主力工場の操業停止などによって、今日のような深刻な事態が引き起こされているのです。

　これらによる経営リスクを最小限にしながら生産活動を維持し、そして顧客要望を満足すべく出荷を維持するためには、在庫を従来よりも多く持たざるを得ないと判断する企業が増えているのです。同誌の記事「部材不足が『在庫』の常識変える、繰り返される不測の事態に即応」でも、企業に対するアンケートで実に8割近くが、在庫を増やすことに前向きであることが示されています。

　一方、在庫は経営にとって、企業の金を減らし、さまざまなムダ・ロスを生み出す原因になっているとして、しばしば「在庫は悪」と呼ばれることがあります。筆者も経営改善の支援プロジェクトを推進する際には、在庫の存在を安易には是認しない姿勢で議論を行っています。

　確かに、「必要であれば在庫を持つ」という考え方は間違いではありません。しかし、「必要だから在庫を持つ」と安易に考えてしまうと在庫が必要以上に増えてしまい、逆に経営を圧迫してしまうことになりかねません。

在庫の議論で悩ましいのは、実務者の立場からは在庫があった方が調達活動から生産活動、出荷活動までの全てにおいて、何かと都合が良いという実情があることです。そのため、「在庫がないと困る」「在庫があれば便利」などとさまざまな理由を持ち出して実務者は在庫を持とうとします。これを私は「必要性を満たすための在庫」と呼んでいます。在庫管理の書籍の中には、（経営上の問題点は指摘しつつも）必要だから在庫を持つことを前提にしているものが多く見受けられます。

　このような「必要性の在庫論」に対し、本書は「目的志向の在庫論」を謳（うた）っています。何のために在庫を持つのか、その在庫を持つ目的は何か、そして、その在庫は経営の目的を達成するために貢献しているのか、という視点に軸足を置き換えて、在庫の在り方を議論しています。

　本書では大きく２つの視点で在庫を議論しています。１つは攻めの在庫ともいうべき「付加価値の向上に役立つ在庫」、そして、もう１つは守りの在庫ともいうべき「リスクの回避・低減に役立つ在庫」です。いずれにしても必要だから在庫を持つという視点ではなく、経営の役に立つか否かで在庫の是非を議論することが「目的志向の在庫論」なのです。

　本書は全５章で構成されています。第１章では「本書で考える在庫の定義」として、人によって在庫に対する認識が異なっていることを踏まえて、在庫とは何か、在庫の経営的な意味は何かを明確に

するように解説しています。第2章では「不確実な時代における在庫の課題」として、認識しておくべき在庫を取り巻くさまざまな不確実さを整理しました。第3章では「その在庫は付加価値の向上に役立っているか」として、売り上げや利益といった経営指標をいかに高めていくか、すなわち攻めの在庫としての考え方や評価の仕方を説明しています。第4章では「その在庫はリスクの回避・低減に役立っているか」として、調達不安によるさまざまなリスクの回避に在庫をどう活用するか、すなわち守りの在庫としての考え方や評価の仕方を解説しています。そして、最後の第5章では「管理者が知っておくべき在庫の基本知識」として、在庫管理の実務経験者とは限らない組織の管理者に向けて、在庫管理の基本的な理論や視点について、最低限知っておくべき内容を取り上げました。

　本書は、実際に多くの企業において経営改善や在庫の最適化といったプロジェクトで議論を重ね、実践してきた視点を多く盛り込んでいます。本書をお読みいただき、ご自身の現場、あるいは協力会社や取引先の現場を思い浮かべながら、ぜひ、良い意味での批判的な視点で在庫の「あるべき姿」を考え抜いていただければ幸いです。

古谷賢一

contents

第3章

その在庫は付加価値の向上に役立っているか

contents

第 1 章

本書で考える在庫の定義

第1章

本書で考える在庫の定義

1.1　在庫とは何か

　新型コロナウイルス禍による物流網の寸断に、ウクライナ危機をはじめとする国際情勢の変化による供給不安、そして相次ぐ自然災害による工場の操業停止……。さまざまな要因が製造業におけるサプライチェーン（供給連鎖）の安定性を脅かしています。まさに「調達非常事態」の時代を迎えました。こうした背景から、在庫をどうすべきかについて悩む声が増えています。在庫は「悪」か「善」かという極端な議論をする人や、「在庫は必要悪」という考え方に陥っている実務者が目立ちます。

　本書では、経営視点に立って在庫の考え方や在り方を改めて問い直し、正しい在庫の扱い方を解説します。在庫の定義を見つめ直し、在庫と正しく向き合うことは、これからの経営には必須となります。

　本書は在庫管理の実務者向けに書かれた一般的な実務指南書とは異なります。在庫管理について考えなくてはならない工場の管理者や幹部社員、経営目線から在庫を考えるべき立場の経営者に向けた在庫の在り方や考え方を示した「在庫戦略の教科書」です。

　主に製造業を想定していますが、製造業と取引のある小売業や卸売業の管理者や経営者にも参考になると思います。

1.1.1　意外と知られていない在庫の定義

　在庫と聞いて何を想像するかは人によってさまざまです。例えば、営業担当者は製品在庫を想像し、調達担当者は原材料在庫を想像するといった具合です。担当する業務やその企業が属している業界（製造業、小売業、

卸売業など）によって、在庫と一口にいっても、さまざまな視点からの意見が出てきます。これらをひとくくりにして議論してしまうと、人によって受け取り方が全く異なってしまうことがあるので注意が必要です。

　そこで、まずは本書における「在庫」の定義を明確にしておきましょう。定義を正しく知らなければ正しい議論ができないため、ここで在庫の定義を必ず押さえてください。

　在庫は、企業が販売する目的で一時的に保有するものの総称です。会計的には棚卸し資産（Inventory）と呼ばれ、本書でも在庫と棚卸し資産は同義語として扱います。

　棚卸し資産は、財務諸表の貸借対照表（図 1-1）に記載されるべきもので、「財務諸表等の用語、様式及び作成方法に関する規則第十七条（流動資産の区分表示）」では、次のようになります。

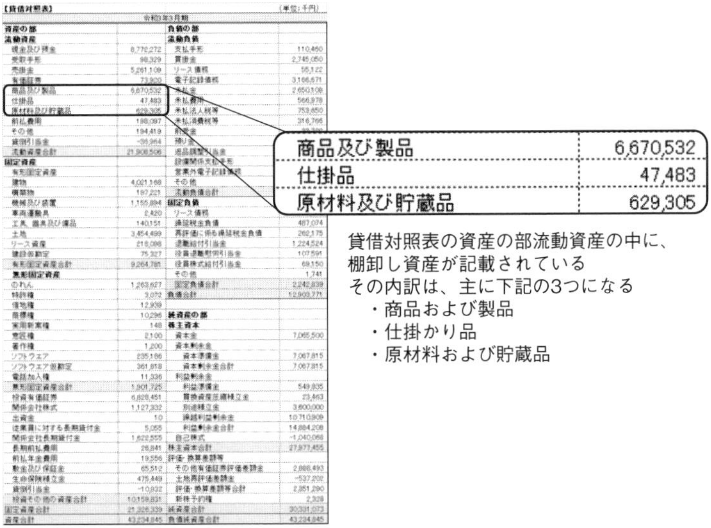

商品及び製品	6,670,532
仕掛品	47,483
原材料及び貯蔵品	629,305

貸借対照表の資産の部流動資産の中に、
棚卸し資産が記載されている
その内訳は、主に下記の3つになる
・商品および製品
・仕掛かり品
・原材料および貯蔵品

図 1-1 ● 貸借対照表と棚卸し資産
（作成：筆者）

第十七条　流動資産に属する資産は、次に掲げる項目の区分に従い、当該資産を示す名称を付した科目をもつて掲記しなければならない

　　　（中略）

　七　商品及び製品（半製品を含む。）

　八　仕掛品

　九　原材料及び貯蔵品

　　　（後略）

　これらが、いわゆる製品在庫と仕掛かり在庫、原材料在庫に相当します。また、会社法でも棚卸資産の規定があり、「会社法（平成十七年法律第八十六号）」の規定に基づいて「会社計算規則」では次のようになります。

第七十四条　資産の部は、次に掲げる項目に区分しなければならない。この場合において、各項目（第二号に掲げる項目を除く。）は、適当な項目に細分しなければならない。

　　　（中略）

　ト　商品（販売の目的をもって所有する土地、建物その他の不動産を含む。）

　チ　製品、副産物及び作業くず

　リ　半製品（自製部分品を含む。）

　ヌ　原料及び材料（購入部分品を含む。）

　ル　仕掛品及び半成工事

　ヲ　消耗品、消耗工具、器具及び備品その他の貯蔵品であって、相当な価額以上のもの

　　　（後略）

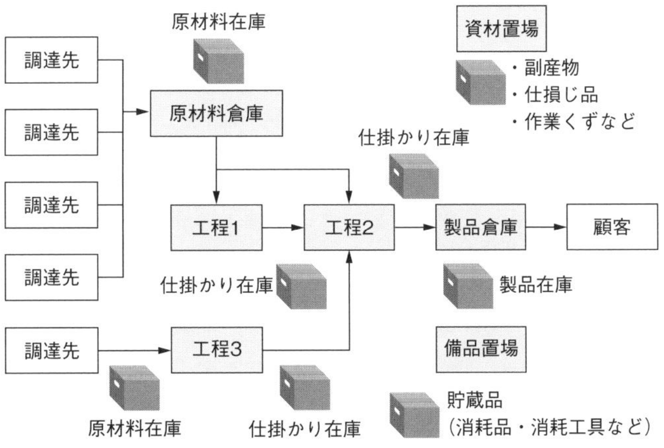

図1-2 ●さまざまな棚卸し資産の種類
（作成：筆者）

　実務者になじみのある棚卸し資産といえば、前述した製品在庫（商品や製品）や仕掛かり在庫（仕掛かり品）、原材料在庫（原材料）などが挙げられますが、より細かく見ると副産物や作業くず、消耗品、消耗工具なども棚卸し資産（**図1-2**）に含まれていることが分かります。

　在庫を考えるべき立場にある人は、これらの全てに目を光らせておかなければなりません。実際、企業の倉庫に行くと、全く管理されていないままホコリをかぶって放置されている端材（原材料の使い残し）や、消耗品の山に出くわすことがあります。それらを全て集めて計算してみると数百万円にもなるといったことは珍しくありません。在庫の定義を理解し、抜けや漏れのない管理をすることが重要です。

1.1.2　在庫の意味を理解する

［1］商品と製品

　一般に、商品と製品は明確な区別をせずに同じ意味で使われることがあ

ります。厳密に分けると、製品(Finished goods)と商品(Merchandise)は、どちらも販売する目的で一時的に保有するものですが、「製品」が自ら製造・加工したものであるのに対し、「商品」は自ら製造・加工していないものをいいます。製造業においては、自社の工場で製造・加工したものは「製品」となり、卸売業や小売業においては、外部の調達先から仕入れたものは「商品」となります。

また製造業でも、自ら製造・加工せずに他社から調達したものをそのまま顧客に販売するものは「商品」として扱われます。自社が販売した製品に使用する交換部品や保守部品を部品メーカーから調達し、それをそのまま顧客に販売する場合などが挙げられます。

逆に、卸売業や小売業でも、他社から調達したものを自社で加工して顧客に販売するものは「製品」として扱われます。製造業者から調達したものに対し、一旦、自社の事業所で検査を施したり、追加で何らかの加工を行ったり、ラベルなどを貼付したり、梱包形態を変更したりした後、顧客に販売する場合などが挙げられます。

ただし、実務上は製品と商品を厳密に区分することが難しい場合もあり、明確な線引きはできないため、各社の規定に基づいて区分されています。

本書では、これらの在庫を総称して製品在庫と表記することにします。

MEMO 「商品」を販売するもの、「製品」を製造したものと区分する考え方もあります。製品は製造したものを示す限定的な言葉で、自社で製造・加工したかどうかに関係なく、販売する段階になれば全て「商品」と説明する文献もあります。

[2] 半製品と仕掛かり品

「製品」が製造工程を全て完了したものであるのに対し、半製品

（Semi-finished goods）と仕掛かり品（Work in process）は、どちらも製造工程の途中にある未完成のものを指します。半製品は、実際に販売するか否かは別にして、未完成ながらそのままで販売が可能な状態のものです。仕掛かり品は、そのままでは販売が不可能な状態のものを指します。どちらも製造工程の途中にある点では同じですが、半製品が販売可能で現金化が比較的容易であるのに対し、仕掛かり品はまだ販売できない状態なので現金化が難しいという違いがあるため、会計においては棚卸し資産の内訳でも分けて考えます。

　ただし、実務上は、半製品と仕掛かり品を厳密に区分することが難しい場合もあり、実際には各社の規定に基づいて区分されています。

　例えば、化学処理の途中にあるものや、加工や組み立ての途中にあるものは、そのままでは販売できない状態なので仕掛かり品となります。そのため、工場において工程内にある未完成のものの多くは、仕掛かり品として扱われます。

　これに対し、製鉄業では薄板や厚板、鋼管などが製品となり、その加工途中であるものは仕掛かり品ですが、一部のスラブ（板製品を造るための中間素材）やブルーム（形鋼製品を造るための中間素材）、そしてビレット（線材製品を造るための中間素材）などは、他の金属加工メーカーに中間素材として販売することもあるので半製品とする場合もあります。

　一部の化学工業では、最終製品は量販店などで「300mLのカートリッジ」や「20mLのチューブ」など小型容器に充てんされた形態で販売されているものが製品となりますが、その加工途中のものは仕掛かり品として、液体コンテナやドラム缶などの大型容器に充てんされた状態で保管されていることがあります。これらは基本的には仕掛かり品ですが、その状態のまま「1000Lの液体コンテナ」や「200Lのドラム缶」の形態で販売す

ることも可能なので半製品と位置付けることもできます。また、正式な販売形態として液体コンテナやドラム缶が指定されている場合は、外観は仕掛かり品や半製品と同じであっても、製品と位置付けられることもあります。

　本書においては、これらを含めて仕掛かり在庫と表記することにします。

[3] 主要原材料と補助原材料

　原材料（Raw materials）とは、製品を製造するために購入したもので、まだその用途に使用されないものを指します。この原材料という用語は、原料（素材の原形をとどめていないもの）と材料（素材の原形をとどめているもの）の総称になります。

　材料には部品や購入部分品として購入した各種のモジュール品やユニット品なども含まれます。これらは、それぞれ外部から購入したもので、完成品や半完成品の状態で納品され、加工することなくそのままの状態で自社の製品や、半製品や仕掛かり品の組成部分として取り付けられるものです。

　例えば、製品を製造するために購入した化学薬品は、原油などを素材として加工されたものです。化学的に変質しているので原油などが素材になっていることは見ても分からず、素材の原形をとどめていない原料といえます。一方、ねじや金属部品などは、鋼や銅などの金属塊を素材にして加工されたものです。物理的な形状は変質していますが、それらが鋼や銅が素材になっていることは分かるため、素材の原形をとどめている材料といえます。

　ただし、原料と材料の境界は曖昧なので、あえて厳密に区分するのではなく、原材料としてひとくくりにまとめて考えることが一般的です。

　なお、原材料は主要原材料と補助原材料に分けることができます。主要原材料とは、どの製品に使用するのかが定かである原材料のことで、自動車や電機機器を生産する場合の鋼板など、いわゆる直接材料に相当します。一方、補助原材料とは、どの製品に使用するかを明確に区別できない原材料で、塗料や接着材など、いわゆる間接材料に相当します。

　なお、製造原価などの原価計算では、間接材料費の中に、設備で使う油などの工場消耗品や、生産活動に使うドライバーやペンチといった消耗工具器具備品などの費用を含めることがあります。しかし、これらは棚卸し資産における補助原材料には含めません。

　本書においては、これらを含めて原材料在庫と表記することにします。

［4］消耗品で貯蔵中のもの

　消耗品で貯蔵中のものは貯蔵品と呼ばれます。消耗品とは、燃料や工場用消耗品、事務用消耗品、消耗工具器具備品、切手・収入印紙、梱包材料、見本品、無償配布のパンフレットやカタログなどをいいます。それらを取得した際に費用処理をしないまま、未使用の状態で貯蔵しているものを貯蔵品といいます。

　カッターなどの消耗工具は、通常は 1 年程度の耐用期間しかありません。こうした耐用期間の短い工具や器具、備品などは貯蔵品として扱われます。また、金額の小さい事務用文具や作業用に使う消耗品、包装材料などで期末において未使用のものも、棚卸し資産の貯蔵品として計上するのが原則です。しかし、こうした少額なものの全てに対して細かな管理を行うのは合理的ではありません。会計上これらは金額的にも通常はわずかで、当期の損益に及ぼす影響も小さいことから、取得した年度での費用処理が認められています。

[5] その他、忘れられがちな棚卸し資産

　棚卸し資産というと、製品在庫と仕掛かり在庫、原材料在庫の3つしか思い浮かばない人も多いと思います。忘れられがちな棚卸し資産として副産物（By-products）や作業くず（Scraps）、仕損じ品（仕損品；Spoilage）があります。生産プロセスにもよりますが、これらは投入した原材料の数％から数十％になることもあり、金額的には無視できない大きなものです。資材部門や経理部門などではその数量や金額を把握していると思います。しかし、工場全体を視野に入れなければならない立場の管理者がこれらを十分に認識しておらず、管理対象から漏れてしまうことがあるので注意が必要です。

　副産物とは、主産物の製造過程で必然的に生産されるものを指します。例えば、大豆を原材料にした豆腐の生産では必ずおからが発生します。この場合、豆腐は主産物であり、おからは副産物となります。一般には、価値の高いものが主産物として扱われ、価値の低いものが副産物として扱われます。その区分は、企業における会計処理の慣習によります。

　他にも、日本酒が主産物で酒粕が副産物、食肉が主産物で皮革が副産物になるといったものがあります。また、建設工事の際に発生する土砂なども副産物として扱われることがあります。

　時流の変化によって主産物と副産物の価値が変わった場合には、副産物と主産物が逆転することもあります。もともとは廃棄物だったものが、そ

の用途が新たに開発されて価値が生まれると、廃棄物は副産物として扱われることもあります。

第1章

> **MEMO** 同じ原材料と同じ工程から複数の製品が必然的に生産される際、その複数の製品を連産品（Joint products）と呼ぶことがあります。例えば、原油を精製すると、製品としてガソリンや重油、灯油、軽油などが同時に生産されることになります。これらは連産品に該当します。

作業くずとは、製品の生産工程で発生する原材料の残りくずのうち、売却できるような価値や利用できる価値のあるものを指します。価値がなくて廃棄されるだけのものは廃棄物とし、資産でもある作業くずには含めません。例えば、金属を加工する過程で発生した切粉（切削くず）は、作業くずの代表的なものです。他にも、皮革くずや裁断くず、その他の原材料で製造後にも残存するものは作業くずとして扱います。

仕損じ品とは、生産工程で発生した、いわゆる不良品（Defective product）のことです。不良品が修正工程などを経て仕掛かり品や製品へ戻る場合は問題ありません。しかし、そうでない場合は、一般に不良品は出荷できないので廃棄されることになります。

スクラップなどの有価金属の場合は、相場に従って売却されることもあります。例えば、銅地金は商社出し値が1126〜1128千円/tであるのに対し、スクラップ価格は問屋買値975〜980千円/t（出所：2022年8月25日付日本経済新聞）なので、仕損じ品の管理がずさんであれば、貴重な多額の資産をずさんに扱うことにもなってしまいかねません。ただし、仕損じ品の内容がほとんど価値を持たない場合、処分価格で売却されることもあります。

副産物や作業くず、仕損じ品は、販売することによって収入を得ること

ができる有価物と考えられます。しかし、製品とは異なり、売却先が明確になっていないケースもあるので注意が必要です。原材料や原材料に近い状態であれば、原材料メーカーやスクラップ業者など、それらを有価物として引き取ってくれる事業者が存在する可能性もあります。自社の工場で発生する作業くず（原材料の残りを含む）などで有価物と考えられるものに対し、常にいくつかの売却先の候補を持っておき、いざ売却となれば、売却価格の比較や売却時の引き取り形態などを比較できるような体制を作っておくことが重要です。

　また、仕損じ品では、既に製品に近い状態になっているため、いわゆる産業廃棄物として費用をかけて処理せざるを得ない場合もあります。副産物も同様に、用途が定まっておらず売却先が定まっていない場合には、産業廃棄物として処理せざるを得なくなります。

　しかし、近年では環境経営（ESG経営）の考え方が強くなり、さまざまな原材料から構成されている仕損じ品をそのまま産業廃棄物として引き取ってもらうだけではなく、例えば都市鉱山に代表されるような、仕損じ品に含まれる金やレアメタル（希少金属）などの有価金属を回収して再利用するといった取り組みも考えるべき時代になっています。

　環境経営の視点から、ただ産業廃棄物を引き取ってもらうだけではなく、資源のリサイクルや廃棄物に含まれる資源の再利用など、環境に配慮した手段を講じることができるような処理業者の探索と活用の道を探ることも求められています。

MEMO　ESG経営とは、Environment（環境）、Social（社会）、Governance（ガバナンス）の頭文字を取って作られた言葉で、企業が目先の利益だけを考えるのではなく、環境や社会への配慮、そして健全な管理体制の構築などによって、持続可能な発展を目指した経営を行うことを指します。

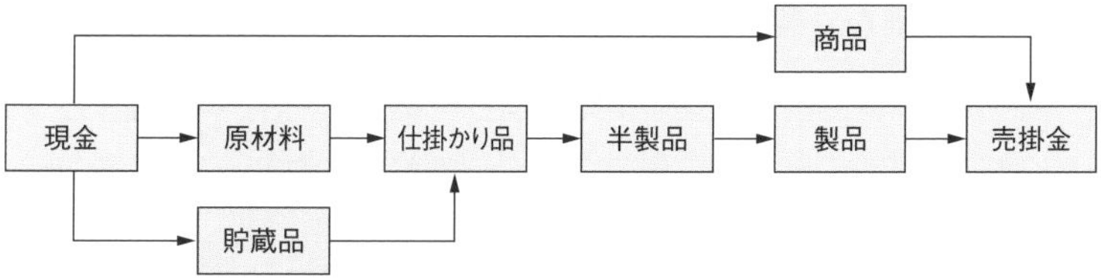

図 1-3 ● 棚卸し資産と営業循環
（出所：『財務諸表分析 第 7 版』を基に筆者が作成）

このように、企業にはさまざまな在庫が存在しています。最初に企業が持つ金があり、それらがさまざまな在庫に姿を変え、そして顧客に販売して代金を頂くことで、企業に金が戻ってくる。これを営業循環と呼びます（図 1-3）。

1.1.3 陳腐化した棚卸し資産について

棚卸し資産の価値が著しく陳腐化する場合があります。環境の変化によってその価値が著しく減少し、価値の回復が見込めない状態になってしまう場合、その棚卸し資産の価値を適切な価値に再評価し直すことが必要となります。そのときは、減少した価値について所定の方法で棚卸し資産の評価損を計上する必要があります。

いわゆる半端商品や流行遅れ品、返品、季節外れ品などがこれに該当します。例えば、季節性のある製品で売れ残ったものや、自社や同業他社から新製品が発売されたことによって残った旧商品などは、市場価値が大きく下がってしまうので、もはや通常の価格では販売できなくなります。また、輸送の途中や販売の過程で発生した破損品や傷物、棚ざらし品なども、通常の価格では販売できなくなります。

そもそも、これらの棚卸し資産は、通常の価格では販売できないことが問題となります。従って、製品在庫や仕掛かり在庫、原材料在庫など、通

常の在庫と区別なく数量や金額を考えてしまうと、全く実態と合わなくなってしまいます。責任ある立場の管理者は、これらを通常の棚卸し資産とは厳格に区別し、確実に管理しておく必要があります。

1.1.4　参考（会社法と税法での棚卸し資産の違い）

この棚卸し資産は、「法人税法第二条第二十号（棚卸資産の意義）」でも次のような定義があります。

第二条第二十号　棚卸資産　商品、製品、半製品、仕掛品、原材料その他の資産で棚卸しをすべきものとして政令で定めるもの（有価証券及び第六十一条第一項（短期売買商品等の譲渡損益及び時価評価損益）に規定する短期売買商品等を除く。）をいう。

その内容はより細かく規定されており、「法人税法施行令第十条（棚卸資産の範囲）」には次のように書かれています。

第十条　法第二条第二十号（棚卸資産の意義）に規定する政令で定める資産は、次に掲げる資産とする。
　　一　商品又は製品（副産物及び作業くずを含む。）
　　二　半製品
　　三　仕掛品（半成工事を含む。）
　　四　主要原材料
　　五　補助原材料
　　六　消耗品で貯蔵中のもの
　　七　前各号に掲げる資産に準ずるもの

　このように、会社法による定義と税法による定義は同じであることが分かります。厳密には、会計処理について会計基準と税法の間では評価損のタイミングが異なるなどの相違がありますが、本書の趣旨から外れるため、これ以上は言及しません。

1.2　在庫の経営的意味

1.2.1　在庫は金が姿を変えたもの

　在庫とは、経営的には企業の持っている「金_{かね}」が、在庫という「もの」に変わった状態をいいます。企業が金を出して原材料を買うと、それらは原材料在庫となります。例えば、1t 当たり 16 万円の冷延鋼板は、16 万円の金（原材料費）が 1t の鋼材に姿を変えたものに他なりません。さらに、企業が原材料を使い、金をかけて加工したものは、仕掛かり在庫や製品在庫になります。例えば、1 個生産するのに原材料費を除いて 10 万円の費用を必要とした製品は、原材料の購入に必要な金に加えて、10 万円の金（加工費や経費）が製品へと姿を変えたものです（図 1-4）。

　端的に言えば、原材料倉庫に積み上げられている原材料や、工場の中に散在している仕掛かり在庫、そして完成品倉庫に眠っている製品在庫などは、札束（＝金）が積み上げられていることと同じ意味を持っています。

　「在庫」が「金」であるなら何も問題はないと思うかもしれませんが、そうではありません。金であれば必要なときに必要なものを買うために自由に活用できますが、在庫になってしまうとその自由が失われてしまいます。製品在庫や仕掛かり在庫は、その製品の注文が来ない限り、企業の中で眠ったままで経営には何の役にも立ちません。原材料在庫も、その製品の生産が実行されるときが来るまで眠ったままで何の役にも立たないので

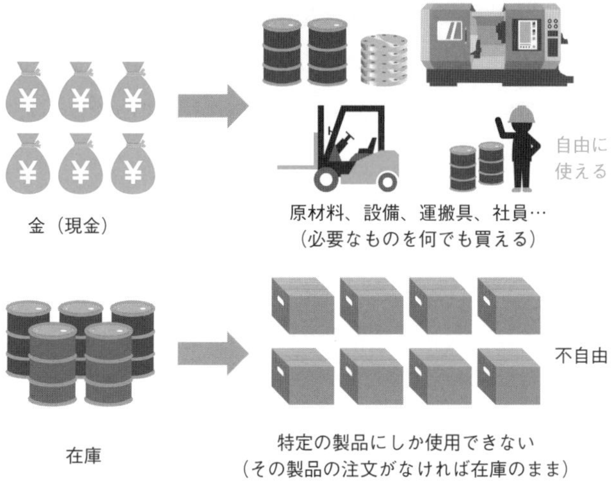

図 1-4 ●在庫は金が姿を変えたもの
（作成：筆者）

す。

　在庫は金がものへと姿を変えたものだといいましたが、その実態は、企業が金を原材料メーカーに支払って原材料在庫を得ただけにすぎません。あるいは、企業が工場を操業するために人件費や経費などを社員や関係先に支払って、仕掛かり在庫や製品在庫に代えただけです。企業の中に存在している全ての在庫は、経営的な視点から見ると金が会社から流出した結果なのです（**図 1-5**）。

　逆に、それらの在庫は工場や倉庫に置いておくだけで保管のための倉庫代や光熱費が発生し、在庫の搬送などいわゆるマテハン（マテリアルハンドリング）によって工数が消費されます。加えて、在庫が存在することで工場や倉庫の中は圧迫され、物流が阻害されます。探す・積み上げる・積み下ろすといったムダな動作も増えて生産性も低下します。また、在庫は保管しているうちに経時変化で品質が劣化したり、取り扱いの最中に破損

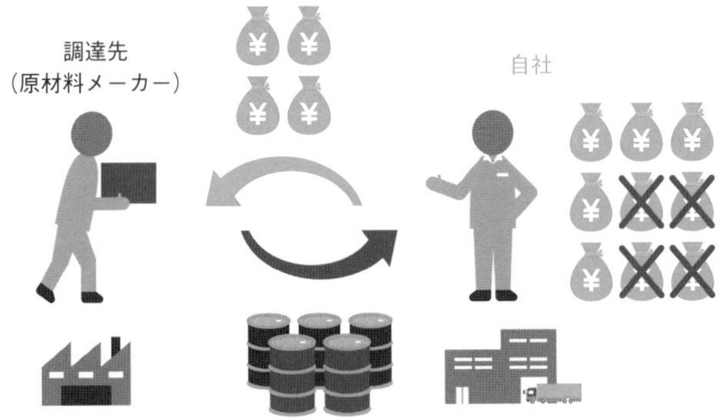

図 1-5 ● 在庫を買うと企業から金が減る
（作成：筆者）

したりして、その価値が毀損されるなど、デメリットは数多くあります。

　在庫とは、その存在によって多くのムダを誘発してしまうものなのです。そのため、生産現場においては在庫は罪庫と呼ばれることもあります。

1.2.2　実務者は在庫が欲しい

　一方で、在庫は実務者にとっては大変便利なものであることも事実です。在庫を持つことにより、日常の多くの業務がとても楽になるからです。多忙な日常業務をこなしながら、さまざまな問題を解決していかなければならない実務者にとって、在庫は自分を助けてくれるありがたい存在でもあるのです。

　例えば、十分な原材料在庫を持っておくと、原材料メーカーとのシビアな納期交渉をしながら、何月何日に、どの部材を、どれだけの量、確実に調達しなければならないといった部材の調達管理が不要になります。原材料メーカーの生産工程に対し、どのプロセスにどれくらいの時間が必要なのかといった、原材料メーカーの工程の実態を理解するスキルも不要にな

ります。さらに、原材料在庫を持つことを許容すれば、価格の交渉においても必要な量だけを買うといった制約がありません。「たくさん買うから価格を下げろ」といった交渉が可能になります。

　このように、調達部門の実務では原材料在庫を持つことで業務はとても楽になるのです。

　また、仕掛かり在庫を持っておくと、たとえ工程間のバランスが悪くても生産は問題なく続けることができます。前工程の生産能力が後工程の生産能力よりも劣る場合、後工程は前工程からものが出てくるまでの間、手待ち（人が付加価値を生み出す作業をせずにただ待っている状態）が発生します。しかし、ここで仕掛かり在庫を持っておけば、後工程は前工程の進捗とは関係なく生産を続けることができるからです。同様に、仕掛かり在庫を許容すると、前工程は後工程の進捗に気を使うことなく自分の都合で生産を行うことができます。また、品質トラブルや設備トラブルが発生してある工程が止まっても、仕掛かり在庫があればトラブルの影響を回避して出荷への影響を少なくすることが可能になります。このように、生産部門の実務では、仕掛かり在庫を持つことで業務は随分進めやすくなるのです。

　製品在庫を持つことにもメリットがあります。まず、顧客の需要動向を的確に把握して適切な納期交渉を行う必要がなくなります。加えて、顧客の要求を満たす十分な生産能力を持たなくても、短納期対応や即納が可能という営業面での強力な武器を手に入れることができます。また、想定外の急な受注や、納期の無理な変更要求にも対応することができます。製品在庫があれば、原材料の調達でトラブルが発生したり自社の工程で何らかの理由で生産が止まったりしても、当面の出荷には影響が出ないようにカバーすることができます。このように、営業部門の実務では、製品在庫を

持つことで業務が大変やりやすくなるのです。

　経営的には、在庫は会社の金を消費する「罪庫」であるにもかかわらず、実務者にとっては在庫があった方が何かと都合が良いのです。もちろん、これらの事例は会社や工場全体を無視した「部分最適」なものです。しかし、実務者は目の前の業務を最優先することを求められるので、部分最適に走ってしまいがちです。そのため、経営者や管理者が何らかの歯止め策をかけておかなければ、在庫は成り行きで増えていくことになります。

1.2.3　在庫の多い／少ないはどう考えるのか

　在庫の多い／少ないについての議論は難しいものです。少ない在庫、すなわち過少在庫は、常に欠品の危険性をはらんでいます。原材料や仕掛かり品の欠品があると、生産したいときに生産できません。仕掛かり品や製品の欠品があると、売りたいときに売るものがなくて売り逃しになってしまいます。企業にとっては、売り上げと利益が供に失われていくので、是が非でも避けたいと考えるのが普通です。ただし、この考え方とは逆の経営を行っている企業もあります。そのような企業では、生産能力を超えた受注は取らず、在庫のミニマム化（最小化）と生産効率の最大化を狙った経営を行っている事例もあります。

　一方、多い在庫、すなわち過剰在庫は企業の金をムダに使い、すぐには販売や生産に寄与しないものを買った成れの果てです。こうした事情から、企業においては「ちょうど良い在庫の量はどのくらいなのか」というのが次の論点です。

[1]　繰り返しのない受注生産品の場合

　顧客からの繰り返しのない受注生産の場合は、在庫の多い／少ないと

いった議論はあまり発生しません。顧客からの受注を起点に、必要な原材料を必要な量だけ発注し、それらがそろったところで生産を開始して完成品を速やかに出荷するという方式だからです。

ただし、この場合でも在庫の過剰さを議論するケースがあります。1つは、一定の数量で発注しなければならない汎用部材です。例えば、製品当たり100本が必要な金属ボルトに対し、1000本入りの箱でしか購入できない場合は、その差の900本は残って原材料在庫になってしまいます。

もう1つは、一定の数量を発注しなければコストアップになるカスタム部材です。例えば、製品外装の板金加工品が1枚だけ欲しくても、そのための治具製作や生産準備などを考えると、1枚の発注ではものすごく手間やコストがかかるため、10枚程度は一括して生産しなければ業者が注文を受けてくれないといったケースがこれに相当します。この場合は、必要な量と生産した量の差の9枚は残って原材料在庫になってしまいます。

繰り返しのない受注生産品の問題点は、将来、同じ製品が受注できるか否か分からないことです。必要量以上の数量を調達することによって発生した原材料在庫の多くは、不動在庫（生産に使われることも出荷されることもなく、長期間倉庫に保管されただけの在庫で、長期滞留在庫ともいいます）になってしまいます。これらは厳格に数量管理を行いつつ、他の製品に転用できないか、あるいは売却の可能性はないかについて、早い段階から議論しておく必要があります。業者との交渉や社内の技術的な評価には何カ月もかかるのが通例だからです。そして、一定期間の議論の後、何も手が付けられないようであれば、経営判断として廃棄を検討せざるを得ません。

第 1 章

MEMO

受注生産といっても、それぞれの原材料の納期が異なる場合は、全ての原材料がそろうまで、先に納品された原材料を在庫として倉庫内にとどめておくことになります。また、生産工程が十分な能力を持っていない場合には、途中工程で仕掛かり在庫をとどめておくこともあります。

さらに、生産管理のレベルが低い場合には、生産完了のタイミングと顧客への出荷要求のタイミングを合わせられないこともあります。生産が早く終わった場合に、顧客が指定する納期まで製品在庫として倉庫にとどめておくこともあります。ただし、生産が出荷要求のタイミングよりも遅くなってしまえば納期遅れとなり、別の問題が発生することになります。

［2］連続した受注生産、計画生産の場合

受注生産であっても、顧客からの発注が繰り返される連続した受注生産の場合や、あらかじめ開示された顧客の発注計画に基づいて生産する計画生産の場合、あるいは、市場動向などの情報を使って社内で立てた近い将来の需要予測に基づいて生産する計画生産（この場合は見込み生産ともいう）の場合には、在庫の多い／少ないが重要な議論になります。

繰り返しのない受注生産では、必要な原材料の量と必要な生産量が明確になっているため、必要な量以上の在庫を保有する必要はありません。そのため、在庫が多い／少ないといった議論は限定的なものになることは前述の通りです。

しかし、繰り返しのある連続した受注生産や計画生産の場合には、原材料の調達や生産、販売も繰り返されることになります（図1-6）。ただし、あるタイミングで調達・生産・販売が完了し、その後に、次の調達・生産・販売が発生する場合は、繰り返しのない受注生産と同じように扱うこともできます。

これに対し、最初の注文に応じた調達・生産・販売の活動が行われている最中に、次の注文に対する調達・生産・販売の活動を開始しなくてはならないケースがあります。この場合は、その都度、必要な量だけの原材料

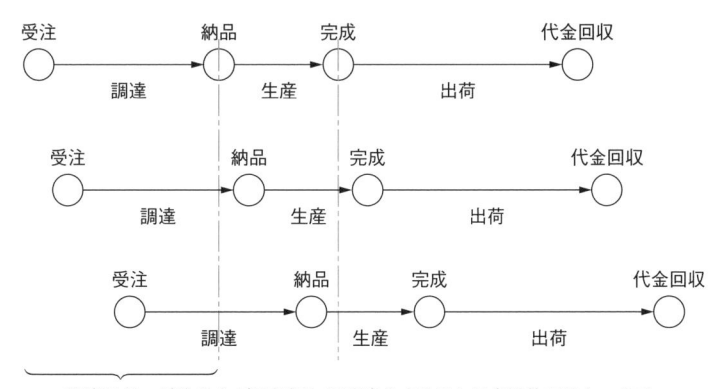

現実には、受注のたびに細切れに調達をすることは合理的ではないので、
ある程度先の予測を加味して、まとまった単位で調達を行います

図 1-6 ● 繰り返しのある連続生産のイメージ
（作成：筆者）

を発注して生産していると、生産・販売のタイミングに間に合わないこと
があります。

　こうした場合、一定の在庫（原材料在庫や仕掛かり在庫、製品在庫）を
持っておき、生産活動や出荷に引き当てると同時に、使用して減った在庫
は適宜補充するという考え方を採ります。ここで出てくるのが在庫水準と
呼ばれるものです。実務者は在庫月数（在庫日数）という用語をよく使い
ます。これらは、どの程度の在庫を保有しているのか、在庫の多い／少な
いという度合いを評価する物差しの役割を果たすものです。

　そもそも在庫（原材料在庫や仕掛かり在庫、製品在庫）の量は、販売量
や生産量に比例するものです。当然ですが、2倍の量を販売するためには
2倍の量を生産する必要があり、そのためには2倍の原材料が要ります。
在庫にはこうした特性があるため、在庫の量の多い／少ないという評価
は、在庫の絶対的な量や金額だけではなく、在庫金額と売上金額の比、具
体的には、在庫金額÷売上金額の値で考えます。

　この比は在庫水準と呼ばれるもので、売り上げが2倍になったときに在庫も2倍になっていれば、在庫水準は変わりません。売り上げが2倍になったときに在庫が2.2倍になった場合は、在庫水準が大きくなるので、在庫が余計に増えたことを意味します。逆に、売り上げが2倍になったときに在庫が1.8倍にとどまっていたら、在庫水準は小さくなり、在庫が抑制されたこと意味します。

　この在庫水準には、「在庫回転日数（棚卸資産回転日数）」という指標が使われます（図1-7）。在庫回転日数の定義は、在庫金額を1日当たりの売上高で割った数字です。1日当たりの売上高は、年間の売上高が36.5億円の企業であれば、36.5億円÷365日＝1000万円/日となります。この企業に在庫（原材料在庫や仕掛かり在庫、製品在庫の合計）が1億円ある場合は、在庫回転日数は1億円÷1000万円/日＝10日と計算されます。これは、この企業が10日分の売上高に相当する在庫を持っていることを意味しており、実務者は「在庫は10日分ある」と表現します。

　この場合の在庫回転日数の単位は「日」なので、これを「在庫日数」と呼ぶことがあります。また、在庫の数量が多く、例えば60日分（2カ月分）の在庫を持っている場合には、単位を「月」として「在庫月数」と呼

$$\text{在庫回転日数}\text{（棚卸資産回転日数）} = \frac{\text{棚卸し資産（期首・期末の平均）}}{\text{売上高}÷365}$$

・棚卸し資産は日々変動するので、計算式の分子には期首在庫と期末在庫の平均値を用います
・なお、ある時点での在庫の水準を見る場合は、その時点での棚卸し資産の金額を用います
・分母を365日で割ると在庫回転日数の単位は「日」に、12カ月で割ると単位は「月」になります

図1-7 ●在庫回転日数（棚卸資産回転日数）の計算
（作成：筆者）

び、「在庫は 2 カ月分ある」といった表現になります。

　この在庫回転日数が、例えば「20 日から 25 日」に増加すれば、在庫は過剰になったことを示します。逆に、在庫回転日数が「20 日から 18 日」に減少すれば、在庫は抑制されたことを示します。

　繰り返しのある連続した受注生産や計画生産の場合は、この在庫水準を常に把握し、調達活動や生産活動、営業活動によって在庫水準（在庫月数あるいは在庫日数）が増加しないように管理することが求められます。具体的には、全ての在庫を含めた在庫水準だけではなく、原材料在庫と仕掛かり在庫、製品在庫のそれぞれの在庫金額で在庫水準を見ておきます。すると、どの業務に改善すべき点があるかを把握しやすくなります。

　さらに高度な在庫管理を行う場合は、製品ごと（製品群ごと）や顧客ごとの在庫水準を把握し、どの製品で在庫水準が増加したのか、あるいは、どの顧客で在庫水準が増加したのかを管理することになります。企業の管理能力が向上すれば、こうした細かな在庫管理を行い、全体の在庫の過剰／過少をコントロールしていきます。大抵の場合、在庫の種類は膨大になるものです。人力では大ざっぱな管理しかできませんが、今は在庫管理に威力を発揮する適切な IT システムツールがあり、それらを活用することで細かい管理を実行することが可能になります。

　管理者は、まずは在庫水準を増やさないように実務者の活動に対して目を光らせなければなりません。過剰な調達をしていないか、過剰な生産をしていないか、出荷に影響を与えるような品質トラブルがないか、設備トラブルがないか、営業部門からの受注見通しが大きく変動していないか、といったことが監視対象になります。特段の事情がないのに在庫水準が増えた場合は、調達や生産を抑制したり販売を促進したりして、在庫水準の早期抑制を図ることが管理者の使命です。

一方で、在庫水準を増やさなければ生産に支障が出る、あるいは販売に支障が出るといった場合には、現在の在庫水準が不適切だと考えることができます。そのため、慎重にその原因を検討しながら、必要に応じて在庫の数量を増やすという判断があり得ます（ただし、在庫水準が不適切なのではなく、業務の仕方が不適切である場合は業務改善を行う必要があります）。

1.2.4　在庫は仕事の質のバロメーター

在庫は仕事の質のバロメーターという言葉があります。前述した通り、実務者にとっては、在庫はあった方が何かと都合が良いものです。しかし、そこには重大な問題が隠れていることを忘れてはなりません。在庫があった方が良いというのは、本来は解決しなければならない問題があるのに、在庫があることにより、それらの問題に真正面から対峙しなくても済むということを意味するからです。

この「解決しなければならない問題」を解決できる能力を「仕事の質」と定義すると、在庫の量は仕事の質に比例すると考えることができます。

例えば、原材料在庫であれば、調達先の工程特性を理解し、自社が発注したものの生産状況を細かく把握する。それにより、自社が欲しいタイミングで、欲しい数量を確実に納品してもらうように調査先を管理する、といった具合です。こうして「仕事の質」を高めることにより、原材料在庫をギリギリに抑えることができるのです。

仕掛かり在庫であれば、工程バランスの改善や、品質トラブルや設備トラブルの発生を抑えるための改善活動をするといった仕事の質を高めることによって、仕掛かり在庫はギリギリに抑えることが可能になります。

製品在庫でも同様です。顧客の需要動向を的確に把握し、適切な営業交

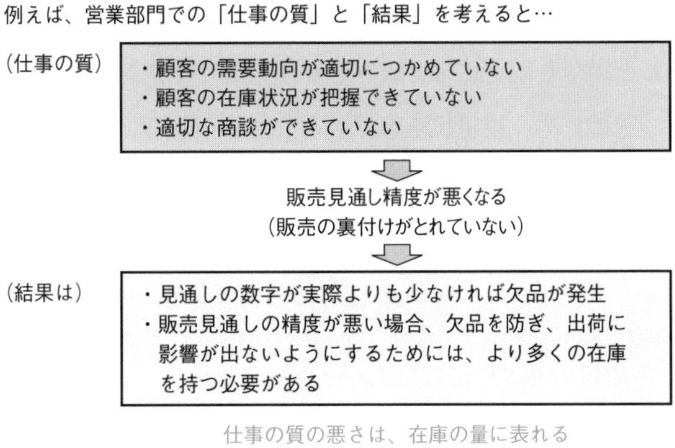

例えば、営業部門での「仕事の質」と「結果」を考えると…

(仕事の質)

> ・顧客の需要動向が適切につかめていない
> ・顧客の在庫状況が把握できていない
> ・適切な商談ができていない

⬇

販売見通し精度が悪くなる
(販売の裏付けがとれていない)

⬇

(結果は)

> ・見通しの数字が実際よりも少なければ欠品が発生
> ・販売見通しの精度が悪い場合、欠品を防ぎ、出荷に
> 　影響が出ないようにするためには、より多くの在庫
> 　を持つ必要がある

仕事の質の悪さは、在庫の量に表れる

図 1-8 ●在庫は仕事の質のバロメーター
(作成：筆者)

渉の力を付けるといった仕事の質を高めることによって、製品在庫をギリギリに抑えることが可能です。

　仕事の質が悪くても在庫を持っていれば何とかなるのであれば、自らの都合が良いように在庫を増やしたいという動機が実務者には働きます。彼らにとっては、目の前の業務をこなすことが最優先になりがちだからです。

　これに対し、仕事の質が良くなれば、少ない在庫でも問題は発生しなくなります。結果として在庫を少ない水準に絞ることができます。

　在庫はその工場における業務の集大成の結果として生じるものです。仕事の質は在庫の量に表れる。そのため、在庫は仕事の質のバロメーターと表現するのです（図 1-8）。

　もう少し具体的に説明しましょう。例えば、営業部門の仕事の質を考えてみます。仕事の質が悪いと販売見通しの精度が落ちてしまいます。例えば、顧客の需要動向を適切につかめていなかったり、顧客の在庫状況を十分に把握できていなかったり、適切な商談ができていなかったりするケー

スです。販売見通しがずれて、需要よりも大きな販売見通しを立てると、営業部門からの生産指示は結果として過大になるため、売れ残った製品が在庫になってしまいます。例えば、「来月10万ケースの注文が入る見込み」という想定で、工場に対して10万ケースの生産指示を出していたにもかかわらず、実際には6万ケースの注文しか来なかったといった場合です。

　逆に、見通しがずれて需要よりも小さな販売見通しを立てると、営業部門からの生産指示は結果として過少になるので、欠品が発生してしまいます。営業部門にとって、欠品は絶対に避けなければならない事態です。従って、出荷への影響を防ぐために、販売見通しが大小のどちらに振れてもよいように「少し多めの在庫を持たなければならない」と営業部門では判断されてしまいます。

　ここで、仕事の質が向上して顧客の需要動向を適切につかめるようになり、顧客の在庫状況を適切に把握できるようになって、適切な商談ができるようになれば、販売見通しの精度が向上して適切な生産指示を行うことができるようになります。すると、「欠品が怖いので、念のために在庫を持ちたい」といった理由がなくなるので、結果として在庫の増加を極限まで抑えることができるようになるのです。

　生産部門でも同様です。仕事の質が悪くて部材が計画通り入ってこない、設備トラブルや品質トラブルが続出する、工程間のバランスロスが悪い、段取り替えの時間がかかるといった状況に陥っている場合、当然ながら生産計画通りの生産はできません。これらに対応するためには、部材の在庫をたくさん持ち、工程間での仕掛かり在庫を持って、さらに出荷に影響が出ないように製品在庫を持たざるを得ないのです。

　ここで、仕事の質が向上して部材が計画通り入ってくるようになり、設備の品質トラブル件数が減って、工程間のバランスロスが減少して段取り

替えの時間が短くなれば、計画通りの生産ができるようになります。すると、「出荷に影響があると怖いので、念のために在庫を持ちたい」といった理由がなくなるので、結果として在庫の増加を極限まで抑えることができるようになるのです。

1.2.5　在庫削減は工場マネージャーの責務

在庫は存在するだけで工場に多大なムダやロスを生み出してしまうものです。製品在庫や材料在庫が多いと、まず、倉庫管理の費用や在庫管理の費用、物流費などのムダが発生します。加えて、それらが不動在庫化（長期滞留在庫化）すると、ある比率で処分費や廃棄ロスが必ず発生します。また、余計な在庫があることで、棚卸し時間のロスなどの管理工数も増えます。そして、本章で繰り返し解説したように、在庫は会社の金がものに置き換わっただけの存在であり、在庫が置かれているということは、企業の大事な金が価値を生み出すことなく寝ていることにほかなりません。

さらに、仕掛かり在庫が多いと生産のリードタイムが長くなり、市場に対して速やかな対応ができなくなります。工程内に多数の仕掛かり在庫が置かれると、面積生産性（単位面積当たりの売上高）が悪くなり、さらには運搬のロスやムダな動作、取り置き作業が発生することによる作業性のロスも発生します。そして、工場内に仕掛かり在庫が多い雑然とした職場では、作業や移動がやりづらくなるため、労働災害を誘発する可能性があります。

在庫は仕事の質のバロメーターという表現の通り、在庫を削減する取り組みを進めることで、現場に内在する多くの問題が可視化されます。それらを改善することにより、工場の体質強化につなげていくことが在庫削減の本質的な狙いなのです（図 1-9）。在庫削減の目的は、教条的に在庫を

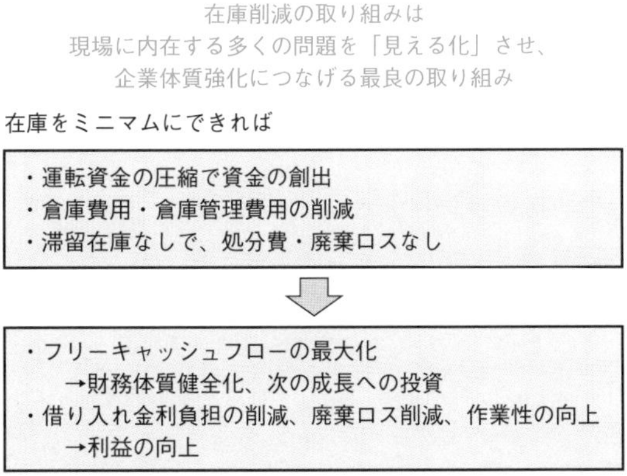

在庫削減の取り組みは
現場に内在する多くの問題を「見える化」させ、
企業体質強化につなげる最良の取り組み

在庫をミニマムにできれば

・運転資金の圧縮で資金の創出
・倉庫費用・倉庫管理費用の削減
・滞留在庫なしで、処分費・廃棄ロスなし

・フリーキャッシュフローの最大化
　→財務体質健全化、次の成長への投資
・借り入れ金利負担の削減、廃棄ロス削減、作業性の向上
　→利益の向上

図 1-9 ● 在庫削減は企業体質を強化する手段
（作成：筆者）

減らすことではなく、仕事の質を高めることです。在庫が増えてしまうような現場の問題を解決することで、結果として在庫の削減が可能になることを理解してください。

　もちろん、在庫をミニマム化することで会社の金を節約できるので、貸借対照表やキャッシュフロー計算書といった経営数字の良化にもつながります。加えて、倉庫費用や管理費用などの削減、さらに処分費や廃棄ロスの削減にも貢献するため、利益体質の向上にも寄与します。

　こうした現場の根本課題の解決と経営の良化の両面から、経営者や管理者は在庫削減の取り組みを強く推し進めなければなりません。

第2章

不確実な時代における在庫の課題

第2章 不確実な時代における在庫の課題

2.1 調達非常事態の厳しい現実

2.1.1 調達非常事態の到来

　新型コロナウイルス感染症による物流網の停滞と、国際的な社会情勢の激しい変化による供給不安、そして相次ぐ自然災害や人災による工場の操業停止など、さまざまな要因によって製造業のサプライチェーン（供給連鎖）が脅かされています。もとよりサプライチェーンの安定化は製造業の永遠の課題ともいえるものですが、現在（2022年執筆時点）におけるサプライチェーンの不安定さは、過去に類を見ないレベルにあることに異論はないと思います。

　三菱UFJリサーチ＆コンサルティングによる「令和3年度製造基盤技術実態等調査　我が国ものづくり産業の課題と対応の方向性に関する調査報告書」でも、多くの企業が調達活動や物流活動によって実際に影響を受けていることが示されています（令和3年度の「ものづくり白書」でもこのデータを参照して調達不安の問題を指摘しています、図2-1）。

　ある大手化学メーカーに勤める調達部門の責任者の声は印象的でした。現場改革のプロジェクトの合間に、「原油価格の急騰で関連製品の価格改定が激しくなっているのではありませんか？」と筆者が問い掛けたところ、その調達の責任者は「金額の問題ではないのです」と悲愴感を漂わせていました。

　キャディ（東京・台東）が2022年8月下旬に実施した調査では、「長年、多くのメーカーが心血を注いできた原価低減の優先度が下がっていると分かった。一方で、部材不足などを背景に、安定的供給に直結する生産能力

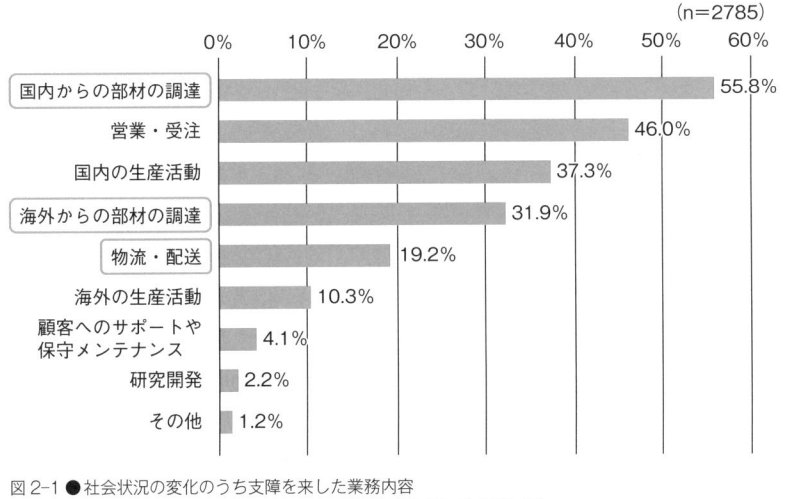

図 2-1 ●社会状況の変化のうち支障を来した業務内容
(出所：三菱 UFJ リサーチ＆コンサルティングの資料を基に筆者が加筆)

や在庫の確保が重視されるようになっている」(2022 年 9 月 14 日付日経ク
ロステック「『価格最優先』は昔の話、調達リスクで変わった製造業の価
値観」)ことが判明しました。この調査は、調達・購買において重視する観
点を聞いており、その結果、「在庫を持たざる経営から在庫を持つ経営に
変わってきている」ことが分かりました。

　原油価格の高騰は 2020 年ごろから続いていますが、かつて 2000 年代半
ばと 2010 年代初頭にあった原油価格の急騰は、原油由来の製品だけでは
なく、生産過程で石油などエネルギーを必要とする製品の多くで製品価格
の高騰を招いたことを記憶している読者は多いと思います (図 2-2)。ま
た、2020 年末ごろから続く急激な円安は、未曽有と表現されるほどの深刻
なレベルであり、輸入原材料の著しい価格高騰にもつながっています (図
2-3)。

　製造業においては、生産現場がいくら改善活動を行っても、その効果は

図 2-2 ●原油価格の高騰
（出所：ENEOS ホールディングスの資料を基に筆者が加筆）

図 2-3 ●円安の影響
（出所：三菱 UFJ 銀行の資料を基に筆者が加筆）

原材料やエネルギー費用の高騰によってかき消されてしまう状況にあります。

　たとえ価格が高くても調達ができるのであれば、最悪の場合は赤字を覚悟してでも、製品を生産して販売することができます。しかし、新型コロ

ナの影響が顕著になってからは、「そもそも原材料が入ってこない」状況が頻発しているので、原材料の入手難に対する偽らざる苦悩の言葉が、先ほど紹介した「金額の問題ではない」というものでした。

同様のことは、東北地方太平洋沖地震によって引き起こされた 2011 年の東日本大震災でも発生しました。生産や物流の大規模な停止により、顧客への供給が長期間にわたって途絶えてしまったのです。また、2021 年に発生した複数の半導体メーカーによる火災事故や、毎年のように発生している化学原料メーカーでの爆発事故などでも、生産が停止してサプライチェーンが停滞する事態を引き起こしています。

そして、現在、多くの産業が直面している生産や物流網の停滞は、既に 2019 年度あたりからさまざまな業種で問題となっていました。そして 2022 年からは、それらに加えて国際的な社会情勢の緊迫化に伴う原材料の流通停滞も厳しくなった上に、原油価格の高騰も追加された、まさにトリプルパンチを受けているというのが製造業の実態です。

これらを一過性の問題とみている企業は少ないと思います。調達価格の上昇や下落であれば、時期が来れば「落ち着くべきところに落ち着く」という見方は、あながち間違いではありません。ところが、今、我々が直面している、新型コロナなどの疫病による経済の混乱や、国際的な社会情勢の激しい変化、そして相次ぐ自然災害や人災による工場の操業停止などは、時間の経過とともに事態が収束する問題ではありません。

例えば、新型コロナの終息を待つことなく、2022 年 5 月以降はサル痘ウイルスによる感染症が世界に広まりつつあります。冷静に考えれば、今後も一定の頻度で同様の問題が発生することが予想されます。

国際的な社会情勢でも、冷戦終結後の経済覇権のにらみ合いから武力紛争を懸念せざるを得ないような変化点にあります。サプライチェーンを分

第2章

断してしまうような自然災害などもある程度の確率で発生するものです。

　つまり、これからは特定の企業にとどまらず、グローバル全体でものが手に入らない調達非常事態が今後も当然のように発生し得ることを想定した在庫の考え方に転換することが求められるのです。

2.1.2　調達非常事態を理解する：感染症による影響

[1]　世界的な経済活動の停止

　2019 年から続く新型コロナにより、世界の経済が大打撃を受けました。各国の製造業に大きな影響を与えており、調達が極めて困難な状況をつくり上げています。しかし、これは新型コロナだけに限りません。2003 年には重症急性呼吸器症候群（SARS）コロナウイルスが、2009 年にはパンデミック（世界的大流行）を引き起こした新型インフルエンザの H1N1 型ウイルスが、2012 年には中東呼吸器症候（MERS）コロナウイルスが、2022 年にはサル痘ウイルス（ウイルスの存在そのものは 1970 年に人への感染が確認されている）が猛威をふるい、感染症が世界に広がりました。これはすなわち、新型コロナのように調達不安や社会を停滞させる要素を持つ感染症の大規模拡大を、かなり現実度の高い問題として想定しておく必要があるということを示しています。

　新型コロナでは、感染症の拡大を抑止するために各国政府はロックダウン（都市封鎖）や行動制限といった施策を強く推進しました。これにより、企業の活動は強制的に制約を受け、調達や生産、販売といったさまざまな活動が大幅に停止あるいは抑制される事態が発生しました。

　これは我々がかつて経験したことがないものです。従って、事業継続計画（BCP）などのリスク想定の範疇（はんちゅう）に、ここまでのレベルを考慮していた企業はないと思います。

[2] 取引先や関連企業の倒産

　ロックダウンのような社会や経済を停止させてしまう強力な政策により、経営体力の弱い企業では日々の運転資金が枯渇し、経営難に陥ってしまう事態になります。自社の経営には問題がなくても、取引先の企業が倒産や事業の停止に至ると、その影響を被る可能性が出てきます。その企業が担っていた原材料などのサプライチェーンが止まり、買い手側である自社は必要な原材料を調達できなくなってしまう事態に陥る可能性があるからです（図2-4）。

　しかも、こうした調達問題が売り手側である原材料メーカーの経営難に原因がある場合は、一時的な供給停止では済みません。今後、その企業からの供給が全く見込めなくなります。買い手側である自社は、直近の調達問題だけではなく、今後の調達の代替手段を早急に検討しなければならなくなります。

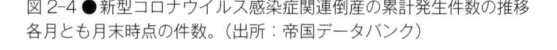

図2-4 ● 新型コロナウイルス感染症関連倒産の累計発生件数の推移
各月とも月末時点の件数。（出所：帝国データバンク）

［3］取引先や関連企業の操業不安

　経営難に陥るところまではいかなくても、経済活動が強制的に止められることにより、従業員が出社できなくなるなどの理由で、生産活動が一時的に止まったり、生産能力が大きく減少したりすることが感染症のまん延時には発生します。

　また、新型コロナの事例では、感染した当事者だけに影響がとどまらなかったことも、大きな問題となりました。社員の関係者が感染症にかかると、その周辺の社員も濃厚接触者と認定されてしまい、本人の健康状態に関係なく出社を一定期間見合わせて自粛生活を余儀なくされる事態が発生しました。

　従業員の1人が一定期間の出社を見合わせるだけなら、生産計画や要員配置の見直しで生産への被害を最小化することはある程度可能です。しかし、複数の社員がある日突然、出社不可能になるという事態が現実になると、特定の生産工程が止まってしまうことにもなりかねません。

　そうなると、企業は誰が出社可能なのか、現場の生産活動に従事する人を何人集めることができるのかを毎日考えなくてはならず、計画的な生産活動が困難になってしまいます。取引先がこうした状態になった場合、買い手側企業からすると、いつ注文した原材料などが入荷できるのか予測がつかなくなります。しかも、売り手側企業である取引先に「いつ出荷できるのか」と厳しく聞いても、明確な返答を得られません。

　こうした問題が原材料の上流に相当する企業で発生すると、当然、その下流に相当する企業では原材料の供給不安が発生します。加えて、通常の生産トラブルとは異なり、近い将来の供給体制が極めて予測しづらくなって、自社の計画的な生産活動も連動して困難な状況になってしまいます。

　この問題は、売り手側となる原材料メーカーなどの取引先企業と、買い

手側である自社の間をつなぐ役割を持つ物流業者や流通業者にも波及する可能性があります。物流業者の業務停止やドライバーなどの不足により、物流の遅延や停滞が発生する恐れがあるのです。

こうした問題がサプライチェーンのどこで発生するかについては、事前に予測することは困難です。そのため、サプライチェーン全体の構造を十分に把握していない企業では、こうした事態になったときに、リカバリーに向けた取り組みを考える以前に、一体どこに問題が発生したのかという調査活動そのものに時間を要してしまうことにもなってしまいます。

2.1.3 調達非常事態を理解する：売り手側企業の抱える問題

新型コロナなどによる経済の混乱以外にも、調達非常事態に至る原因は他にもあるため、認識しておく必要があります。

[1] 売り手側企業（調達先）の受注政策の変化

売り手側である原材料メーカーや取引先は、当然、自らの経営をより健全化することを考えています。それに伴って実行されるさまざまな決断は、必ずしも買い手側である自社にとって好ましい話ばかりではありません。

例えば、低い利益率にあえいでいる取引先であれば、利益率の向上を狙い、不採算商品の整理（受注の辞退や市場からの撤退など）や小口受注品の整理などを行うことがあります。景気が低迷している時期や景気の見通しが立たない時期には、こうした調達先の受注政策が大きく転換する可能性があります。

かつては取引企業同士の力関係から、「利益にはならないが、これまでの付き合いがあるので」といったウエットな関係性が重視され、経営の合

理性とは異なる理由で取引が継続することも多々ありました。しかし、もっとドライに「受注したところで、売り手側企業にとってデメリットしかないような商品は受注しない」という合理的な経営判断を行わないと、結局は売り手側企業の体力が低下します。すると、その企業は同業他社に比べて利益率が低い（競争力の低い）状態に陥ることになります。

　もちろん、企業同士の関係性を否定するつもりはありません。いわゆる「持ちつ、持たれつ」の関係も、企業間取引では一定の合理性があることも事実です。しかし、一方的に持ち出しのあるようないびつな取引関係の場合は、経済が低迷したタイミングや、その企業の経営者が代替わりしたタイミングなどで見直される可能性があります。つまり、不採算商品からの撤退や、コストの割に販売価格が低い特殊仕様品、利益率の低い少量多品種への対応からの撤退といった経営判断を下すのです。これは企業としてはむしろ当然であると考えるべきです。

　ところが、そうなるとこれまで調達できていたものが、あるタイミングから調達が困難になってしまい、他の仕入れ先を探すなど新たな調達活動をスタートしなければなりません。従って、自社の発注しているもののうち、売り手側企業で赤字と想定されるものや、売り手企業の中で相対的に利益率が低いものには、必ずこうしたリスクがあることを認識しておかなければなりません。

　特に力の強い大企業の中には「自分たちが買ってやってるから、お前たち（売り手側企業）は生きていけるんだ」という考えの調達担当者がいることがあります。調達を担う部門では、常に「自分たちが売り手側企業から（取引を）切られるかもしれない」という健全な危機感を持つことが大切です。

［2］売り手側企業のポートフォリオの変化

売り手側企業の経営における事業の再編も視野に入れておかなければなりません。複数の事業や製品を扱っている企業の場合、事業や製品のポートフォリオを再構築することがあります。所有する事業や製品のうち、今後強化するものと縮小するものを見直すのです。

自社に有利な形でポートフォリオの変更が行われる場合は構いません。しかし、自社にとって極めて不利な形でポートフォリオの見直しが行われる場合には、調達が困難になる危険性が生じます。

調達の現場では、「継続して造ってもらわなければ困る」という交渉を行うことでしょう。しかし、取引の力関係次第では、売り手側企業の決断を受け入れざるを得ない場合もあります。そうなると当面の調達をどうするかを考えつつ、近い将来を見据えた継続的な調達先の確保に向けて、新たな売り手側企業を探さなければなりません。

また、売り手側企業の設備の老朽化や人材の高齢化、経営者の世代交代、廃業などの問題により、調達が困難になるケースがあります。これらに関する情報はある程度予測できるため、調達先の状況を常に把握しておくことが重要です。

これからの調達では、リスクマネジメントを織り込む必要があります。調達先から原材料を常に調達できることを前提にした調達活動から、具体的な調達リスクを踏まえて、リスクマネジメントの考え方を調達活動に導入するのです。

2.1.4 調達非常事態を理解する：グローバルでの地政学的変化

海外からの原材料などの調達では、海外における特殊事情や、国際間の地政学的なリスクを考えておく必要があります。

[1] フォース・マジュール宣言の頻発

　昨今、日本国内外を問わず、大規模な自然災害などによって生産活動や物流活動が長期間にわたって影響を受ける事態が毎年のように発生しています。グローバルでの調達活動では、災害が発生して調達先の生産活動や物流に支障が生じて調達が困難になることに加えて、もう1つ考えておくべきことがあります。それは、欧米メーカーなどによるフォース・マジュール宣言のリスクです。

　フォース・マジュール（Force Majeure）は「不可抗力」という意味です。例えば、戦争や暴動、ストライキなどの紛争や、地震や洪水、台風といった自然災害など、予測できない事態を指します。

　自然災害が発生すると、生産を継続できなくなることがあります。当然、買い手側企業は異常事態を早期に復旧させ、供給を継続することを強く求めます。しかし、どう頑張っても生産活動は無理だということになると、買い手側企業は原材料の供給停止によって被った損害を調達先に賠償請求しようとします。

　ところが、売り手側企業からすると、自然災害が発生するたびに生産活動が止まるだけでなく、顧客からの損害賠償請求を受けるのでは、経営を維持できません。そこで、取引契約の中に「フォース・マジュール条項」を入れ、自然災害などの不可抗力において発生した供給の停止については免責するように規定しておくのです。これは曖昧さを許さず、責任の所在を明確に取り決める国際的な取引契約では広く行われているものです。

　今、欧米メーカーなどとの取引において、自然災害や紛争といったフォース・マジュールによって供給できないと宣言する事態が多発しています。もちろん、買い手側企業からすると、すんなりと了解するわけにはいきません。「供給を継続してほしい」「いや、供給は無理だ」という激し

い交渉が行われることになります。双方が合意できなければ、訴訟に至ることもあります。

　買い手側企業は、原材料の供給が止まるだけではなく、それに伴う費用や訴訟によって大きな負担を強いられてしまうのです。昨今の国際情勢や頻発する自然災害を踏まえると、こうした事態が発生する可能性を認識しておく必要があります。

［2］地政学的リスクによるサプライチェーン構造の変化

　ウクライナ危機などの紛争による生産や輸出の停止や、台風による港湾施設の破壊など、直接的もしくは間接的にさまざまな資源や製品の国際的な流通が途絶えてしまうケースがあります。それだけではなく、そのあおりを受け、別の地域で生産されている資源や製品の流通状況が大きく変わり、紛争当事国や自然災害被害国とは関係ない国からの調達であっても、供給量が著しく減少したり取引価格が高騰したりすることがあります。

　例えば、タイヤの補強材として使われるカーボンブラックと呼ばれる炭素の微粒子の有力な原産国はロシアです（2012年時点の世界シェアは6.1％）。このカーボンブラックのロシアからの輸出がウクライナ危機の影響によって大きく減少することにより、国際的な取引価格が高騰するという事態が起きました。加えて、国際的な供給量が減少したことから、中国など他の生産国のカーボンブラックを巡って世界中が奪い合いとなり、以前よりも品薄になって調達が難しくなるという問題も発生しました。

　また、世界の海上貨物の約12％が通過するエジプトのスエズ運河では、2021年にコンテナ船の座礁事故が発生しました。国際物流の要衝が1週間にわたって通行不可能になったことで、さまざまな物資を積んだ船が足止めを食らいました。これによって物流遅延が発生したほか、正常に物流が

行われていれば使い回しが可能だったコンテナが、船の足止めで回らなくなり、スエズ運河とは関係のない場所にもコンテナ不足による物流遅延を引き起こしました。

　このように、国際的な供給問題に対しては、供給される資源や製品の国際的な立ち位置、流通状況を全体的に把握しておかなければなりません。

2.1.5　調達非常事態における在庫の積み上げ

　調達にはリスクがつきものです。必要なときに、必要なものを、必要な量だけ確実に調達できればよいのですが、現実には多くの困難が存在するため、必ずしも理想通りに調達することはできません。そこで、企業は調達リスクを軽減するために、少し早いタイミングで、少し多い量を発注します。つまり、調達活動を必要なタイミングよりも先行して行い、先行発注した原材料を在庫として保有することで、調達リスクを回避しようとするのです。

　第1章で述べたように、在庫とは「企業の『金』が在庫という『もの』に変わった状態」です。従って、経営的にはできる限り少ない在庫を目指す必要があります。しかし、調達リスクが増大した昨今においては、調達非常事態であると認識し、日常的な（平常時における）調達や在庫の考え方をある程度は度外視して、緊急避難的な取り組みを行うこともやむを得ません。すなわち、通常の状態で保有している在庫（通常在庫）に加え、リスク対応在庫と称する、生産や販売にすぐには直結しないけれども何らかのトラブルに備えた在庫を保有しておくのです。これにより、万が一調達リスクが現実になっても、生産や出荷を維持できることになります。

　ところが、在庫（通常在庫＋リスク対応在庫）をたくさん保有すると、生産や出荷ができなくなるリスクを回避できる半面、別の経営リスクが増

大することになります。販売に直結しない在庫を保有したままということは、在庫の購入や在庫の保有にかかる費用などさまざまな諸費用が発生する上に、廃棄の恐れまで生じます。つまり、企業からただ金が出ていく状態に陥る可能性があるのです。

　調達非常事態において緊急避難的に在庫を積み上げて対応する際にも、経営としてしっかりと管理することが重要です。在庫の量を無秩序に緩和することを許してはなりません。

　以上の項目が全てではありませんが、調達の難易度が高まる主な要因を列挙して解説しました。これまで原材料の調達では、為替の動向や原油価格の動向、鉄鋼や非鉄金属など相場ものの価格トレンドなどを把握することが重要とされてきました。しかし、これからの原材料の調達では、より広い知識と情報の収集・分析能力が求められます。まずは、本節 2.1 で紹介したような調達に影響を及ぼす社会情勢について見識を深めていくことが第一歩だと考えます。

2.2　調達非常事態はずさんな在庫管理の免罪符ではない

2.2.1　「在庫ゼロ」の理想工場

　在庫の是非を考える上で、まず、在庫は「なぜ必要なのか」を考えてみます。在庫の議論が難しいのは、経営や事業の置かれた環境によって「功」と「罪」があるためです。そのため、議論の条件を明確にしておかなければ話がかみ合いません。そこで、在庫の本質的な議論をするために、あえて在庫ゼロの理想的な工場（以下、理想工場）のプロセスを想像してみます。

　理想工場では、市場の変化や顧客の動向を読み、顧客の需要を正確に予

測できています。従って、それを基にした工場の生産計画は、あらかじめ時間的な余裕を持って組み立てることができます。

　その生産計画に従い、原材料や資材は十分なリードタイムをもって発注されます。そのため、生産に必要なタイミングで、必要な原材料や資材が、必要な量だけ調達されます。調達した原材料や資材は品質問題などのトラブルはありません。従って、適切な受け入れ手続きを経て、すぐに生産工程に供給されます。

　原材料や資材が適切に供給された生産工程では、最初の工程から最終の工程まで、工程間で一度も停滞することはありません。それぞれの工程はトラブルなく速やかに実行されます。最終工程を終えて完成した製品は、すぐに梱包・出荷され、タイミングよく待っているトラックに載せられて、顧客に向けて流れるように出荷されます。もちろん、製品を受領した顧客は、理想工場に対して速やかにその代金を支払います。

　こうした理想的な状態であれば、事実上、在庫ゼロの体制で生産を実行することができます。厳密には工程内で「まさに加工中のもの」は存在しているため、最低限の仕掛かり在庫は存在しますが、ここでは概念上、在庫ゼロと考えます。

　この理想工場の姿は、経営的にみるとトラブルがなく最も効率良く生産している姿（損益計算書における利益の最大化）を意味しています。また、余計なものを買わずに、買ったものはすぐに活用して販売していることから、最も資金を有効に活用している姿（貸借対照表におけるキャッシュフローの最適化）をも意味しています。経営上の数字を最も良くするこの理想工場の姿は、経営者や工場の管理者が目指すべき姿であることに異論はないでしょう。

　ところが、残念ながらこの理想工場を実現することは、現実の工場に存

在するさまざまな課題によって阻まれます。それらの課題には、自社の努力で改善できるものもあれば、自社だけではどうにもならないものもあります。そのため、「理想工場を目指した改善の取り組みを考えるべきだ」などというと、「現場を知らない頭でっかちなコンサルタントや学者がいう机上の空論だ」と笑う人すらいます。筆者も、今でこそコンサルタントとして仕事をしていますが、実務者として生産現場で悪戦苦闘した経験があるため、机上の空論だと笑う人の気持ちもよく分かります。

　しかし、管理者は冷静に考えるべきです。そもそも改善活動や改革活動は、仕事のあるべき姿を描き、現実とのギャップを埋めていく活動に他なりません。理想工場の例え話を笑う人は、あるべき姿を描くという、改善・改革の最も重要なポイントを外していると思ってください。少し厳しい言い方ですが、筆者が経営者であれば、そうした管理者に工場長や部門長を任せたくはありません。工場の現実を是認するだけで改善の意志がない人物だと評価せざるを得ないからです（図2-5）。

　製造業において理想工場の姿を「あるべき姿」と考えるならば、その姿と自社工場の実態とのギャップが解決すべき課題になります。例えば、ある工程で「造りだめ」によって仕掛かり在庫が発生している場合に、その工程での品種の切り替え（いわゆる段取り替え）に時間がかかることが理由であれば、取り組むべき課題は「その工程での品種切り替え時間の短縮」などとなります。あるいは、営業の見込み違いで余剰になった製品在庫がある場合に、顧客からの生産見通しの情報が錯綜して営業担当が判断に迷うことが理由であれば、取り組むべき課題としては「顧客の生産動向を正確に把握するための情報の整理」などが挙げられます。

　まさに、第1章で述べた「在庫は仕事の質のバロメーター」です。仕事の質を高めることで、自社工場を理想工場へ一歩ずつ近づけていくこと

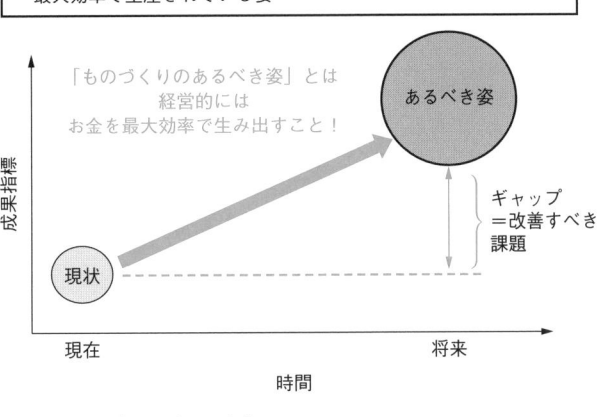

・安全で100%良品の品質が確保され
・原材料投入から製品出荷まで、工程間にものの溜まりがなく
・最大効率で生産されている姿

「ものづくりのあるべき姿」とは
経営的には
お金を最大効率で生み出すこと！

あるべき姿

ギャップ
＝改善すべき
課題

現状

成果指標

現在　　　　　　　　　　将来

時間

図2-5 ● ものづくりのあるべき姿
（作成：筆者）

が、管理者としての役目だと考えてください。

　理想工場の例え話は、小売業や流通業にも通用します。「理想店舗」や「理想倉庫」に置き換えて考えるとよいでしょう。

　例えば、理想店舗とは、顧客がいつ何を買いに来るかを正確に予測できており、メーカーや問屋からは、必要な商品が適切なタイミングで適切な数量だけ納品されます。納品された商品に品質問題などはないため、仕入れてすぐに店頭に陳列されます。そして、ごく短期間で顧客に買われ、その場で代金をもらうといったイメージになります。

　昨今の小売業や流通業では、製造業以上に在庫ゼロへの意識が強く、店舗といえども店頭に実物を陳列することなく、顧客の来店と同時に要求される商品を販売するといったことが行われています。これは店頭在庫すら持たなくてもよいという考え方です。さらに言えば、現実の店舗すら必要ないといった考えも広まり、ネットワーク上の仮想店舗によって営業して

いる小売業は、もはや私たちにとって日常の光景になっています。これら
は全て、在庫ゼロの実現、すなわち理想店舗を目指した取り組みにほかな
りません。

2.2.2　予測困難な状況下で急増する在庫

　理想工場の例え話にあったように、企業は必要なタイミングで、必要な
ものを、必要な量だけ顧客に対して適切に供給することを求められていま
す。理想工場では適切な生産設備を使い、適切なタイミングで生産を開始
する必要があります。そのためには、生産を開始するタイミングに合わせ
て、必要な原材料を必要な量だけ調達することになります。

　しかし、現実の工場では、適切なタイミングで都合良く必要な量の原材
料を調達することができるとは限りません。調達先（原材料の売り手側企
業）は、自社（原材料の買い手側企業）からは独立した別の企業なので、
自社の要求にすんなり応じてくれるとは限らないからです。加えて、調達
先には調達先の都合があるため、自社が要求する納期に間に合うように必
要なタイミングで工場をうまく稼働させて生産できるとは限りません。ま
た、調達先の生産設備の能力や工場の生産能力には限界があるので、仮に
調達先が協力姿勢を示してくれたとしても、自社の要求を 100 ％満足させ
ることは難しいのです。こうした現実があるために、自社においては調達
や生産におけるリスクを軽減すべく、ある程度の原材料の在庫を持つこと
を考えざるを得ないのです。

　市場環境が安定している状況下では、市場の動向や顧客や調達先の稼働
状況などの情報を収集し、近い将来における調達先の供給状況や顧客の需
要状況を、ある程度の精度で予測することが可能です。これはどの企業で
も行っていることです。市場変動が激しい業界や不測の事態が発生しやす

い業界ほど、将来予測の難易度が高くなることは事実です。その上、予測はあくまでも予測であり、外れることも珍しくはありません。それでも、企業運営は手探りではできないため、何らかの予測に基づいて経営計画を立て、事業運営を行うことになります。このように、ある将来予測に基づいて調達・生産・出荷を問題なく実行できるように一定数量の在庫を保有するというのが、経営における在庫管理の実務になります。

　今、ニュースやビジネス誌などでは VUCA（ブーカ）という言葉が使われています。「VUCA の時代になった」という表現もビジネスの世界では珍しくなくなりました。VUCA とは、Volatility（変動性）、Uncertainty（不確実性）、Complexity（複雑性）、Ambiguity（曖昧性）の頭文字を並べたもので、もともとは米国の軍事用語です。以前よりも変化が激しく、市場を取り巻く環境が複雑になり、想定外の事象が発生してしまう予測困難な状態のことを指します。前節 2.1 で説明した調達非常事態とは、予測困難な VUCA の時代故の出来事だといえるでしょう。

　企業は可能な限り少ない量で生産や出荷を維持したい、あるいは可能な限り少ない在庫の保有で生産や出荷を維持したいと考えながらも、調達・生産・販売の現場で発生するリスクやトラブルに在庫を持って対応します。もちろん、「在庫は仕事の質のバロメーター」という考えに基づいて業務プロセスの改善も行いますが、企業の自助努力では対応できない社会的な要因が存在すると、どうしてもより多くの在庫を保有しなければならない状況が発生してしまいます。これが、将来の予測が困難な状況下においては、在庫がこれまで以上に増加してしまう事態につながるのです。

　そもそも製造業は、製品を生産して販売しなければ（そして代金を顧客から回収しなければ）、売り上げを得られず利益も生まれません。生産に必要な原材料が必要なタイミングで手元になければ話にならないのです。

そのため、現在のように予測困難な状況下においては、「とにかく材料を入手することを最優先にせよ」という経営判断の下で、時には「あるだけの数量をかき集めろ」といった、少々乱暴ともいえる指示が出されて、調達可能な限りの数量を確保することもあります。原材料の調達に不安がある場合は、生産や出荷を確実にするために、仕掛かり在庫や製品在庫を従来以上に保有するという選択肢を採ることもあります。

予測困難な状況下においては、調達や在庫に対する通常の考え方を脇に置いて緊急避難的な取り組みを行うことも、状況次第ではあるものの、やむを得ません。しかしその一方で、調達の確保や、生産や出荷の維持のために在庫が増大することは、別の経営リスクを増加させることでもあります。金の社外流出やコストの増加などです。

従って、生産や販売ができなくなるリスクを減らすためであっても、在庫の増加は厳格に管理する必要があるのです。

2.2.3 過剰な在庫がもたらすデメリットを認識しておく

過剰な在庫の存在は、企業が保有する金の社外流出が必要以上に増加することを意味します。必要な量よりも多くの原材料を調達することで、それに関わる余分な購入費用に相当する金が企業の内部から社外の取引先（調達先）に流出します。

必要な量よりも多く調達された原材料（材料在庫）が、経営が許容できるレベルの期間内で生産活動に提供されて販売に至って顧客からの代金回収につながるのであれば、問題はありません。加えて、必要な量よりも多く生産された仕掛かり在庫や製品在庫が、経営が許容できるレベルの期間内で販売に至って顧客からの代金回収につながるのであれば、こちらも問題はありません。

　しかし、原材料を生産に提供することなく原材料倉庫に保管しておくことや、出荷に寄与することなく仕掛かり在庫として工程内に留めていること、製品在庫として製品倉庫に保管しておくことは、企業から一方的に金が流出したままの状態となります。

　本当に必要な在庫ではなく過剰な在庫であっても、一旦買った以上は、工場や倉庫の中に保管しておかなければなりません。従って、保管に関わる倉庫費や人件費、光熱費、管理費などが必要になります。自社工場の中に過剰な在庫を置くスペースがないために外部に倉庫を借りて、当面は使う予定がない在庫を保管しておくという残念な状況を引き起こしている企業も珍しくありません（図2-6）。

　加えて、過剰な在庫の存在は間接作業の増大だけではなく、直接作業の作業性も低下させることがあります。例えば、作業の邪魔になる、不要な作業が追加されるといった問題が生じるからです。

　日本の製造業の平均的な営業利益率は、「2021年経済産業省企業活動基本調査（2020年度実績）」によれば3.4％です。例えば、年間売り上げが100億円の企業であれば、営業利益は3.4億円と計算できます。過剰な在庫の存在によって追加コストが発生すれば、この利益は簡単に減ってしまいます。

　例えば、中小企業庁発表の「令和2年中小企業実態基本調査 令和2年確報（令和元年度決算実績）」によると、製造業（中小企業）の在庫回転日数は平均で約46日となっています。そこから逆算すると、年間売り上げが100億円の企業では、平均12.5億円の在庫を保有していることになります。このうち、わずか5％が生産や出荷に使われずに廃棄に至るだけで、利益が0.6億円も減少してしまいます。また、同じ企業で加工費に年間20億円かかっており、工程内に散在する在庫によって作業性が阻害されて加

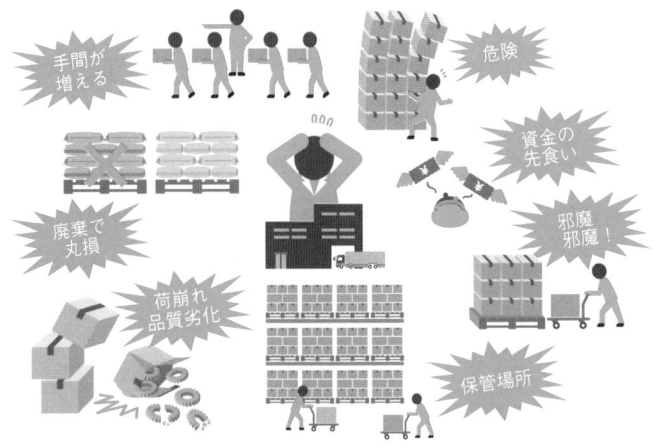

図2-6 ● 在庫がもたらすさまざまな弊害
（作成：筆者）

工費がわずか5％アップしただけで、1億円の利益が減少してしまいます。これら2つを合わせるだけでも年間1.6億円となり、企業の営業利益は半減するのです。「少し面倒が増えただけ」といった軽い問題ではないことが分かると思います。

　管理者は、過剰な在庫の存在を認識した場合、それによって発生している追加コストが一体どれくらいになるかを定量的に把握しておかなければなりません。実務者は、調達のコスト削減や生産活動の合理化などで文字通り血のにじむような努力を行っています。にもかかわらず、過剰に存在する在庫を許容することで、彼らの努力が水泡に帰す可能性があることを認識すべきです。

　過剰な在庫が速やかに顧客からの代金の回収につながっていれば問題ありませんが、現実にはそうはならないことがあります。例えば、顧客からの受注が想定を下回って原材料が余る、あるいは顧客から仕様変更の要請があって原材料が不要になるといった事態が発生すると、最悪の場合、

余った原材料は他に転用することもできずに廃棄することになります。原材料が廃棄されると、その原材料の購入に関わる費用や廃棄するまでに関係する諸般の費用が全て無駄金になり、企業の利益を大きく毀損します。

　また、不要な在庫を廃棄せずに保管し続けると、廃棄損による利益の減少は避けられる一方で、付加価値を生まないのに余計な保管コストや管理コストが無駄にかかり続けます。従って、結局は企業の利益を毀損してしまうのです。

　こうした経営リスクを十分に理解した上で、今は調達非常事態であると認識し、顧客への供給責任を果たすためにやむを得ず「リスク対応在庫」を持たざるを得ないという判断に至るというのが、昨今の正しい姿勢です。

　調達非常事態は、決して在庫の増加を無条件に許容する「免罪符」ではありません。生産や販売ができない経営リスクを回避するために、ギリギリのところで過剰な在庫を保有しつつ、適切にコントロールすることが求められます。そのため、在庫管理の目を以前よりもむしろ厳しくしなければなりません。

2.2.4　在庫の増加に伴う管理のずさん化を防ぐために注意すべきこと

　在庫が増えると管理がずさんになる傾向がみられます。それを防ぐには注意すべき点があります。

[1]「リスク対応在庫」の原材料を明確に識別すること
　例えば、平常時における在庫の水準を1カ月としている工場において、ある特定の材料の入手リスクが高まったために、調達できるだけの数量を入手して当面の生産を確保しようと考えたとします。結果として、その特

定の材料の在庫水準がある瞬間に6カ月になったとしても、それらが適切な経営判断の下で購入されたのであれば問題はありません。

　ところが、注意しなければならないのは、いつの間にか在庫データベースに登録されている在庫水準が6カ月の設定に書き変わっているケースがあることです。これは、本来の在庫水準は1カ月であるにもかかわらず、緊急避難的に調達したリスク対応在庫によって増加した5カ月分が混在しているためです。

　緊急避難的な処置が、いつの間にか平常時にも適用される標準ルールに置き換わってしまう問題が起こらないように気を付けなければなりません。緊急避難的に在庫数量を増やした原材料は、現物表示を徹底する「見える化」などによって明確に識別しておく必要があります。

［2］先入れ先出しを守り抜くこと

　あらゆる在庫（原材料在庫や仕掛かり在庫、製品在庫）は、いずれにおいても先入れ先出しが管理の基本となります。しかし、リスク対応在庫を持つと通常よりも物量が増えるため、在庫を保管する場所に十分な余裕がない場合には、通常とは異なる置き方をせざるを得なくなります。本来なら1カ所にまとめて管理すべき在庫が倉庫の中に分散して置かれたり、複数の倉庫に保管されたり、本来はものの置き場ではない場所に仮置きや一時置きと称して置かれたりするのです。

　例えば、同じ種類の材料は1カ所に集約して管理すれば、いつ納品されたのか（納入日）や、いくつあるのか（在庫数量）を目で見るだけで判断できます。すると、適切な5S（整理、整頓、清掃、清潔、しつけ）を実施するだけで簡単に先入れ先出しを実施できます。しかし、複数の場所に在庫を分散して置く場合は、目で見るだけでは先入れ先出しの現状を把握す

るのは困難です。

　忙しい生産活動の中で先入れ先出しのルールが面倒なものとして無視されてしまうのは、製造現場では珍しくありません。過剰な在庫が分散して置かれた結果、取り出しやすい場所に置かれたものが本来の順序とは関係なく頻繁に使われ、取り出しにくい場所に置かれたものはいつまでたっても使用されずに放置されるといったことが起こるのです。長期間放置された在庫は、そのうち品質劣化を起こすなどして最後は廃棄されてしまいます。

　もっとも、これは5Sが適切にできていない工場において日常的に発生している問題でもあります。従って、調達非常事態時に限った話ではありませんが、在庫が増えると問題がより発生しやすくなることに留意する必要があります。

[3] リスク対応在庫の在庫水準を定期的に見直す

　調達環境や顧客（市場）の動向といった情勢が大きく変わることにより、リスク対応として通常よりも余分に在庫を持っておく必要性も変動します。そのため、例えば、供給不安がより厳しくなると想定される場合は、リスク対応在庫の一層の積み増しを検討する場面と判断すべきこともあります。

　一方で、供給の見通しが徐々に明るくなってきたにもかかわらず、「不安だから」「念のために」といった曖昧な理由で、調達非常事態と同じ水準のリスク対応在庫を持ち続けるケースがあります。これらは調達非常事態時にはそれなりの妥当性がありますが、状況が変わってもなお持ち続けるということは、単純に在庫の是非に関わる判断を回避したことにほかならず、いわゆる「安心在庫（安全在庫ではない）」になってしまいます。

　加えて、リスク対応在庫（と称する過剰な在庫）を持つことにより、原材料の調達を精緻に行う必要性が一時的に緩和されます。同様に、生産管理の精度を高める活動や、工程での緊急的な改善活動の必要性が低下します。さらに、これに便乗して、在庫水準の見直しをせずに放置することも実務者の中では起こり得ます。第1章でも言及した通り、面倒なことをしなくてもリスク対応在庫があれば当面は何とかなるからです。

　リスク在庫としてあくまでも緊急避難的に通常よりも多くの在庫を持つはずが、それが常態化すると、なし崩し的に不要な在庫を多く抱えてしまうことにもなりかねません。

　さらに言えば、リスク対応在庫の定期的な見直しを行わないことは、調達環境や市場環境を定期的に把握することや、経営リスクの見通しを定期的に精査することなど、経営的な判断作業を省略することにほかなりません。すなわち、経営リスクの増大につながりかねない手抜き経営であると認識してください（図2-7）。

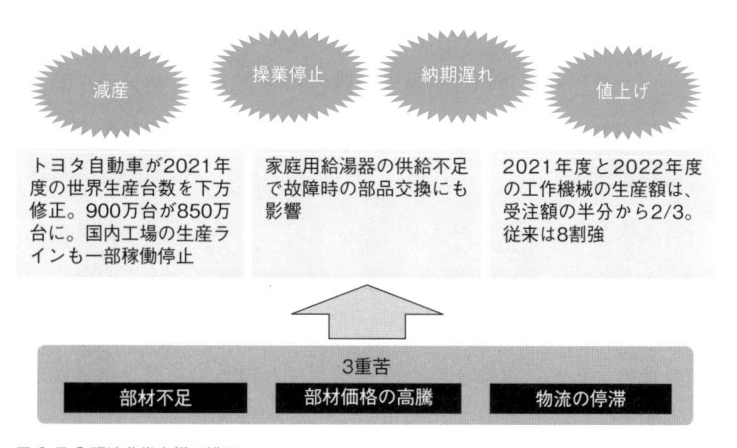

図2-7 ●調達非常事態の構図
（出所：日経ものづくり）

2.3　在庫の善悪論を経営目線で考える

2.3.1　在庫は悪か善か

　ここまで在庫のメリットとデメリットを解説してきました。製造業はも
ちろん、小売業や卸売業など多くの産業で在庫の存在は常に悩ましい問題
として論じられているからです。その中で、常に話題になるのが、在庫は
「悪」か「善」かという議論です（図2-8）。この議論は大きく3つの立場
に分かれます。これらの立場は、企業のカラー（その企業の創業者や経営
者の考え）として企業全体の基本的な考え方になっている場合と、それぞ
れの部門ごとに業績評価の動機を背景にした考え方になっている場合とが
あります。

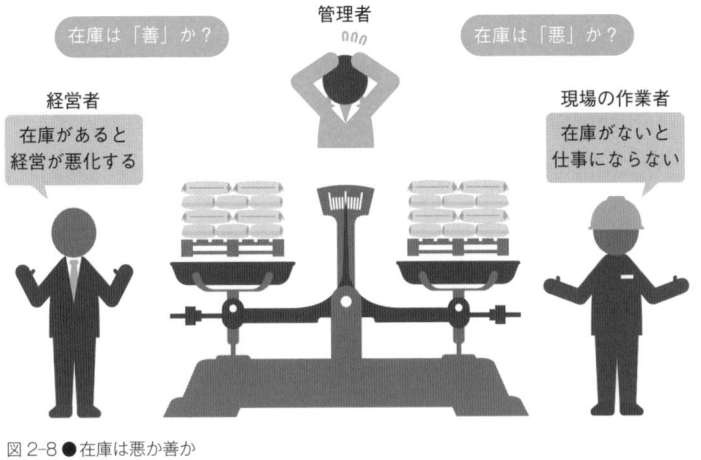

図2-8 ●在庫は悪か善か
（作成：筆者）

[1] 在庫を絶対的な「悪」と捉える立場

　在庫をミニマム（最小）に抑えることを強く説く立場です。この立場をとる組織は、在庫のデメリット、特に経営に対する悪影響を考えて在庫を「悪」と断じ、在庫のミニマム化を強く推進します。徹底した経営のスリム化（資産の圧縮による経営効率の改善やキャッシュフローの良化を狙うこと）や、業務の合理化（在庫によって発生する無駄な作業や管理コストを削減すること）を狙うのであれば、在庫は「悪」という考えはその通りです。

　しかし、「在庫は仕事の質のバロメーター」という言葉の通り、在庫を減らすためには、在庫を減らしたときに発生するさまざまな問題を解決しなければなりません。業務上の問題を解決しないまま単に在庫を減らすだけでは、残された問題によって生産の停止や出荷の遅延が発生してしまいます。

　例えば、設備故障が頻発している工程があるとします。その設備が故障すると生産が停滞するため、設備故障が発生しても後工程での生産が継続できるように、一定の仕掛かり在庫を持っておくといった対策を講じます。この状態で仕掛かり在庫を減らすと、設備故障が発生した際に後工程の生産が止まってしまい、出荷にも影響が出る可能性があります。仕掛かり在庫を減らすためには、まず設備の保全をより確実にし、故障の発生頻度を減らす必要があるのです。

　現場の実情をよく考えずに結果の数字だけを見て、在庫量や在庫金額を減らす取り組みを行うと、調達や生産、出荷のさまざまな場面で問題が生じることになります。すると、在庫は「悪」という考えが正しくても、実務者としては、在庫を減らすと面倒な問題が発生するという認識を持つことになります。つまり、在庫を減らす活動に対する従業員の抵抗感を増大

させてしまう危険性があるので注意が必要です。

[2] 在庫を企業活動に必要な「善」と捉える立場

　在庫を生産活動や販売活動に絶対に必要なものとして、確実に在庫を持てと説く立場です。この立場をとる組織では、在庫を可能な限り多く持とうとする動機が強く存在します。もちろん、明らかに不要な在庫を持つことを推奨するわけではありません。生産活動に役立つ、あるいは販売活動に役立つ適切な在庫を確実に保有するという考えです。

　理想工場ではない現実の工場では、適切な在庫があれば生産工程の都合を考慮して、最も効率の良い生産順序を考えることが可能になります。本来、生産活動は、顧客からの受注に応じて営業部門が発した出荷要請に合わせて行うべきものです。一方で、出荷要請に合わせて生産活動を行うよりも、設備や作業者の配置といった自社の都合を考えて生産順序を計画した方が、より効率的に生産できる場合もあります。より安く生産するためには、工場側の都合を最優先にするという選択肢があり得るのです。顧客への出荷を満たしながら、生産効率も最大化するように生産計画をコントロールできれば、利益の増大に大きな貢献をもたらすことが可能です。原材料在庫や仕掛かり在庫が存在していれば、これらをより実行しやすくなります。

　また、販売の視点から考えると、顧客が欲しいと考えるタイミングで必要な製品を提供できることは大きな強みとなります。早く欲しい、今すぐ欲しいという顧客が多数存在する市場においては、在庫の有無は受注の可否に直結するので死活問題にもなり得ます。

　しかし、それらの在庫が確実に「役に立っている」のであればよいのですが、在庫が「善」という考えを"錦の御旗"にして少々荒っぽく原材料

在庫を調達したり、工場の都合だけを考えて生産を行って仕掛かり在庫や製品在庫を積み増したりすることも起こり得ます。適切な在庫を確実に持つ取り組みでは、現在の在庫が本当に適切なのかを定期的に評価し、不適切な在庫の存在に対しては厳しく対処するといった管理が必要になることを忘れてはなりません。

[3] 在庫をやむを得ず持つ「必要悪」と捉える立場

　在庫はできれば持ちたくはないが、なければ仕事がうまく回らないので、状況に応じて在庫を持つか持たないかを考えるべきだと説く立場です。この立場をとる組織では、在庫は「悪」と断じたり、在庫はすべからく「善」であると受け入れたりはせず、状況に応じて在庫を持ち、その中でできる限り少なめに持っておこうと考えて事業活動を行います。

　一見すると、在庫を「悪」か「善」かと偏らずに冷静にその都度考えることにより、いわば「いいとこ取り」を狙うものになります。在庫をうまくコントロールできれば、理想的には在庫を最適化（少なからず、多からず）に近づけることができます。

　一方で、その都度対応を許容することにより、在庫に対する明確な基準を持つ動機が薄れてしまいます。そのため、例えば、「顧客から納品を強く督促された」あるいは「発言力の強い工場長からまとめ生産の要望が出た」など、その場の事情によって成り行き的に在庫が増加することも珍しくはありません。すると、本来は在庫を最適化するための「必要悪」という考え方が、ある種の無管理状態をつくり上げてしまう危険性があります。在庫をどのように持つかという在庫戦略の考え方を確立することなく、それぞれの担当者や部門の都合で部分最適の判断が横行してしまうこともあり得るのです。

　この考え方は、うまくいけば「いいとこ取り」ができますが、実行の難易度は最も高いと言っても過言ではありません。

2.3.2　在庫の善悪論の本質

　結局、在庫が「悪」か「善」か「必要悪」かのいずれの立場であっても、それらを適切に運用すれば、結果は経営にとっても生産活動にとっても良い結果をもたらします。その意味では、これらの立場の考え方は本質的には同じものだといえるかもしれません。

　ただし、どの立場を主張するかによって、注意すべきポイントは異なります。例えば、在庫が「悪」と考える組織では、在庫削減の過程で現場のトラブルを誘発するという深刻な問題に直面します。在庫が「善」と考える組織においては、在庫を積み増すことに対する抵抗感が少なくなり、ともすれば無秩序に在庫を持つことが容認（黙認）されて、経営を圧迫する危険性が生じます。そして、在庫が「必要悪」と考える組織では、在庫を減らすべきだというスタンスも、必要な在庫を確実に持つべきだというスタンスも明確に取らないため、その都度、良かれと考えて行動するという在庫管理の方針がない組織になる危険性をはらんでいます。

　従って、管理者は自分の組織がどの立場を明確にしているかを冷静に認識しながら、その考えに従った実務を執り行うように指揮・監督します。同時に、それぞれの立場で発生しやすい問題点が現実に発生しないように、注意深く管理する必要があることを忘れないでください（図2-9）。

2.3.3　管理者を悩ます、在庫は「悪」の声

　日本の製造業では「在庫は悪」という言葉は有名です。第1章1.2で説明した通り、経営的には在庫を持つことは経営を圧迫することにつなが

在庫は善	良い点：販売を強化するには、在庫は必要不可欠。 営業の強い武器にもなる。 リスクへの対応もより容易になる。 注意点：在庫を持つことが安易に許容されてしまう。 本当に必要か否かの吟味を軽視してしまう。
在庫は悪	良い点：安易に在庫を持つことをしなくなる。 在庫の必要性を常に考えるようになる。 経営効率への意識が高まる。 注意点：在庫削減が目的化してしまう危険性がある。 不用意に在庫削減をすると実務トラブルが発生する。
在庫は必要悪	良い点：在庫を持つことへの一定の歯止めが利く。 販売対応・リスクへの対応ともに一定の効果がある。 注意点：必要だからと、在庫の是非を深く考えなくなる。 在庫に関わる経営方針が曖昧になり統制が難しい。 在庫に対する恣意的な判断が生じる危険性がある。

図 2-9 ●在庫の善悪論で注意すべきところ
（作成：筆者）

り、企業が生きていくための"血液"ともいえる金の巡りを阻害するものだからです。いわば、血管の内壁に溜まったコレステロールのように常に血流を阻害し続け、時には血栓が生じて血流が止まって、企業に致命的な打撃を与えることにもなりかねません。

　企業は投資家や金融機関から金を調達し、その金で従業員を雇って設備を購入して工場を操業します。そして、手元の金で原材料を購入して生産活動を行い、造った製品を顧客に販売します。そして、顧客から代金を支払ってもらうことで、金が再び企業の手元に戻ってきます。この一連の流れを「金のサイクル」（図 2-10）と呼ぶことがあります。

　これは、全ての企業に当てはまります。企業が健全に生きていくためには、少しでも早く金を手元に戻す必要があります。原材料の購入費や人件費・経費などで企業から出ていった金を、販売と代金の回収という形で取り戻すのです。正確な表現ではありませんが、分かりやすく表現すると、この過程で出ていった金よりも戻ってきた金が多ければ、それが企業に

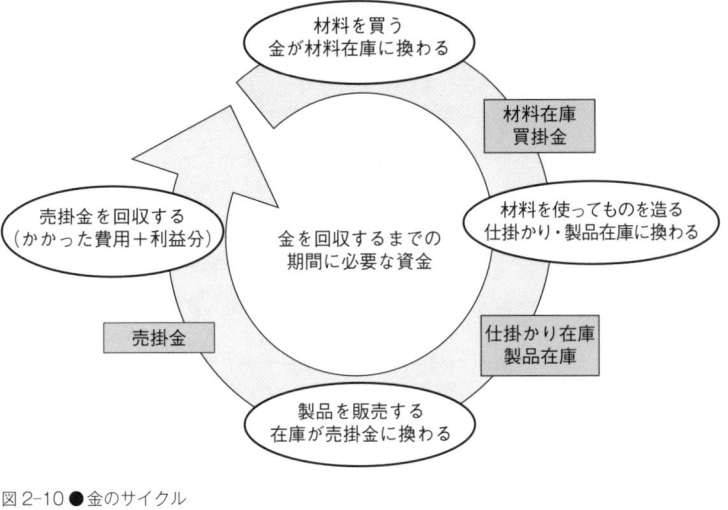

図2-10 ● 金のサイクル
（作成：筆者）

とって利益となります。

　ともあれ、在庫は金がものに姿を変えた状態であり、在庫になって倉庫や工程にとどまっていることは、すなわち企業の金が動いていないということになります。

　筆者も実務者の時代に先輩や上司からこのように教育されてきました。しかし、本書は在庫を頭ごなしに「悪」と断罪することを意図したものではありません。それぞれの立場には考えるに値する主張があり、単純には白黒を付けられないからです。しかし、世間では、在庫は悪か善かの二元論で語られることが多く、大抵は「経営のべき論」としての妥当性を背景に、在庫は「悪」だという立場に軍配が上がるものです。

　そのため、在庫は「悪」という前提で、現場が抱える諸事情を顧みることなく、徹底的に在庫をミニマムにせよという教条的な議論が経営者や管理者の中で幅を利かせることは珍しくありません。現場がいかに諸事情を

説明しても、「できない理由を言うな。できる方策を考えろ」と上司に無理難題を押し付けられて困っている部下は多いはずです。

しかし、今は産業を取り巻く環境が激変しています。在庫に関する考え方も変化すべき時期であることも事実です。生産や販売に必要な原材料を是が非でも確保するために、在庫を大きく積み増す方針に舵を切った企業も、入手できた材料で生産を進めて製品在庫を積み増す方針に舵を切った企業もあります。背に腹は代えられません。「とにかく材料を入手することを最優先にせよ」「あるだけの数量をかき集めろ」「生産できるものからとにかく造れ」などといった少々乱暴な取り組みを推進している企業も、もはや珍しくありません。

こうなると、在庫は「悪」と切り捨てることも、売り上げに連動しない在庫を「善」と持ち上げることも、どっちつかずの「必要悪」と逃げることも、どれも適切とはいえません。単純な形で軍配を上げづらい状況になっているのです。

2.3.4 今こそ在庫の在り方を再考するチャンス

調達非常事態に直面している企業にとって、将来の予測が困難な状況下では、調達に関わる不確定要素が大きいといえます。そのため、通常の在庫の考え方をせずに、緊急避難的な取り組みを行うことも、状況次第ではやむを得ないと考えることができます。確かに、在庫を増やすと、生産や販売ができなくなる経営リスクを減らす効果はあります。ところが、その一方で、在庫の調達や保管などに関わる金の社外流出や、コストの増加といった経営リスクが増すことも事実です。そのため、「在庫がないから生産や販売ができない」といったリスクを減らすためとはいえ、在庫の増加を「無秩序に緩和」することは避けなくてはなりません。

　また、日本企業が現在直面している VUCA（変動性、不確実性、複雑性、曖昧性）の時代は、市場そのものの不確定要素が大きく、市場や顧客の動向を予測することが以前よりも難しくなっているといわれています。そうなると、販売機会を逸しないためにも、在庫をこれまで以上に多く持つという動機がより強く表れるのも当然の成り行きです。

　在庫は、増やしても減らしても何らかのリスクが発生するものです。そのため、市場環境や経営環境が安定した平常時においては、在庫の在り方を見直すことに躊躇する企業は多いと思います。しかし、現在のように外部環境が大きく変化する場面においては、在庫の在り方について従来と同じ考えでよいのか、それとも従来の考えを見直すことが必要なのかを冷静に問い直すよい機会になると考えてください（図2-11）。

　なお、経営コンサルタントとしての筆者の基本的なスタンスは、在庫は「悪」であるという考えです。理由は2つあります。1つは、在庫は経営的に「金の先食い」を意味しているからです。

「必要だから持つ」という考えから、
「経営の目的を果たせるものを持つ」という考えに転換しよう

実務者にとって、在庫の必要性はたくさんある
　・在庫がないと販売できない
　・在庫がないと生産できない
　・在庫がないと、万が一の対応ができない
　・在庫がないと……

しかし、それで「経営の目的」を実際に果たしたのか？
　・実際に販売につながったのか？
　・実際に生産効率のアップにつながったのか？
　・実際にリスクの発生時に役に立ったのか？

調達非常事態だからこそ、在庫の在り方を考え直してみるチャンス

図2-11 ●在庫の在り方を考えるチャンス
（作成：筆者）

　もう1つは、「在庫は仕事の質のバロメーター」であり、その企業における在庫水準（売上金額を基準とした在庫量の相対的な大小）が、仕事の質を定量的に評価するための管理指標として使えるからです。この場合、仕事の質の向上を図るためには、在庫を持たなければ仕事がうまく回らないような経営上の問題点や、実務上の問題点をあぶり出します。そして、それらの問題を解決することで、結果として、管理指標である在庫水準が低いものになります（すなわち、在庫が相対的に減る）。すなわち、「在庫がある＝仕事のやり方に何か問題がある」と考えて、在庫は「悪」と表現しています。

　在庫は「悪」であるという立場に立っているので、本書では基本的に在庫をできる限り減らす方向で議論しています。しかし、筆者は、在庫は「悪」か「善」かという単純な二元論的な議論に立って在庫は「悪」であると声高に主張しているわけではありません。

　経営的な視点から、概念として在庫ミニマムが理想であることは、全くその通りだと考えています。しかし、実際の現場における状況や立場、市場環境などを無視して「在庫ゼロを目指せ」と主張する強引な考えには疑問を持っています。特に、何のために在庫を減らす必要があるのかという本質的な議論を横に置いたまま、「在庫ゼロ」が目的化している議論もあり、そうした主張には首をかしげざるを得ません。

　在庫ゼロ化は目的ではなく、経営の目的を達成する手段として議論されるべきです。在庫を必要以上に減らし、その結果、売り上げに影響が出たり生産性が低下したりしては、経営目的を達成できずに本末転倒となってしまいます。ところが、在庫を単純に「悪」と考えて思考停止すると、ともすれば在庫ゼロが目的化します。すると、経営への悪影響は、それぞれの担当者が個別課題として「別に考えることだ」と、在庫とは別の議論に

すり替わってしまいかねません。

2.3.5 経営戦略と在庫の考え方を整合させる

それぞれの主張を深く掘り下げることなく、在庫は「悪」か「善」かのどちらを選ぶかという紋切り型の枠組みで考えている経営者や管理者は少なからずいるものです。筆者も在庫の考え方として「悪」か「善」かといった経営方針や事業運営の方向性を定めることは必要だと考えています。問題は、何のために在庫を「悪」あるいは「善」とするのかについて、その目的を明確にしないまま、言葉だけで善悪の議論をしてしまうことです。

現実の企業では、在庫は「悪」と言い切れるほど単純な状況ではありません。在庫を「善」とする考えにも、説得力のある主張があるからです。例えば、即納対応や短納期対応を標榜する企業では、在庫がなければそもそも商売になりません。製品在庫を確実に保有することで、即納対応や短納期対応が実現するのです。これは商売にとって大きな意味を持ちます。仕掛かり在庫や原材料在庫を確実に保有することで、短納期対応や臨機応変な顧客対応、生産効率の最大化などを実現できます。

従って、こうした場合には、在庫を持つことが戦略的な価値を持つことになるのです。ところが、経営や事業の目的を踏まえないままに、在庫は「悪」か「善」かという二元論的な議論をしてしまうと、企業がどう行動すべきか、そして実務者はどう行動すべきかの判断を誤る危険性があります。

また、在庫は「悪」か「善」かではなく、その中間である「必要悪」と考える場合も注意が必要です。例えば、在庫理論に基づく発注点管理などを行い、論理的に定められた一定量の在庫を持つということであれば、その判断には合理性があります。このように、「必要悪」の基準を明確にし

た上で、論理的に在庫を持つか持たないかを判断するのであれば構いません。しかし、「必要悪」を言い訳にして、「念のために、ある程度の在庫は持っておいた方がよい」といった、いわゆる「安心在庫」のような中途半端な状況を許容すると、それらが結果的に過剰在庫（すなわち会社の金の流出）の温床になってしまいます。

「在庫は必要悪だ」あるいは「在庫がないと仕事にならない」といった言葉を正当化し、管理者が恣意的に在庫を持つことを安易に許容する姿勢を示してはなりません。そうなると、現場は「絶対に必要な在庫」だけが最低限に保有されるという状態からは程遠くなります。「あった方が便利な在庫」から「あれば自分（自部門）にとって都合が良い在庫」、そして「業務の不手際で増えてしまった在庫」に至るまで、無秩序に増えていくことを覚悟しなければなりません。

管理者は、これらのことを理解した上で、常に在庫の量や金額に目を配り、一定の在庫水準から大きく逸脱しないように指揮・監督しなければならないのです。

経営者や管理者にとって重要なことは、在庫の善悪の表面的な議論よりも、その企業の経営方針に合致する在庫の在り方を考え、在庫を保有する際の基本方針を明確にすることです。

例えば、効率経営を極める企業では、在庫はその企業の効率性を損なう大きな原因となるため、徹底的に在庫を減らせという在庫に対する基本方針が出来上がることでしょう。そうした企業において、象徴的に在庫は「悪」だと社内に広めることは、経営の意思を徹底するための有効な手段となり得ます。

また、顧客や市場への臨機応変な対応力を他社よりも高めることで、より多くの受注を獲得したいと考える企業では、適切な在庫を確実に持つの

が在庫に対する基本方針となることでしょう。そうした企業においては、逆に在庫を確実に持っておく必要があり、在庫は「善」だという考え方を社内に展開することは、企業の経営方針を徹底する上で有効な手段となり得ます。

　このように、経営方針と在庫の保有方針とを確実に連動させることが重要になると考えてください。そうでなければ、現場は在庫を持つべきか、持たざるべきかを判断することができず、その都度の判断をせざるを得なくなり、大いに混乱してしまうからです。

　ただし、筆者は在庫を「必要悪」と考えることは避けるべきだと考えています。在庫を「悪」と考えてどのような在庫管理を行うか、あるいは、在庫を「善」と考えてどのような在庫管理を行うかは、どちらも明確な企業の戦略や方針に基づいた在庫管理です。適切な在庫管理の実務運用が必要なことは前述の通りですが、経営者の考える事業運営を行うためには、こうした明確な方針設定が重要となるのです。

　これに対し、在庫を「必要悪」と考え、その時々の事情に応じて在庫をどのように持つかを考えることは、一見すると現実的で良さそうな取り組みに思えます。しかし、現実にはその都度、恣意的な判断を許容することを意味します。そのため、結果としては、至る所で部分最適な在庫管理を行ってしまう危険性をはらんだものになってしまいます。従って、筆者は在庫を「必要悪」と考えるべきではないという立場をとっているのです。

第 3 章

その在庫は付加価値の向上に役立っているか

第3章
その在庫は付加価値の向上に役立っているか

3.1 在庫は経営目標を実現するための手段

3.1.1 在庫を持つ目的は何か─攻めの視点で考える─

　本書は、経営者や管理者が経営的な視座から在庫について考えるための指南書です。まず、在庫の議論をするときには、在庫は何のために持つ必要があるのかという経営の視点から「在庫を持つ目的」を明確にすることを考えなくてはなりません。第1章では在庫を持つマイナス面を強調しましたが、ここでは攻めの視点から、在庫のプラス面に焦点を当てて在庫を持つ目的を挙げてみます。

[1] 売り上げの増加を狙う

　在庫を持つ第1の目的は、損益計算書の最上段にある「売上」の増加です。例えば、次のようなものが具体的な項目となります。
・販売機会を確実に獲得する
・在庫の陳列（品ぞろえの確保）による顧客の購買意欲を喚起する
・即納対応や短納期対応の実現による競合他社との差異化を実現する
・顧客の要請に合わせたタイミングで生産を行えるようにする
　売り上げとは、おおむね企業が販売によって獲得することができる金を意味します。企業は売り上げがなければ、原材料費や加工費、その他の経費類を支払えないので、企業活動を行うことができません。より大きな売り上げを実現することで、より多くの利益創出を狙うと同時に、より大きな事業の成長を狙うことも可能となります。
　売り上げは、まさに企業の発展の源と呼んでもよいものであり、売り上

げの増加を狙った在庫は、極めて重要な役割を担うことになります。

MEMO

　　実際には、顧客に販売した後、直ちに企業にその代金が入ってくることはあまりありません。企業間取引の多くは「掛け取引」という形態で行われるからです。掛け取引とは、販売したときに製品を顧客に渡すものの、代金は一定の期日後に顧客から支払ってもらう約束をした取引のことです。

　　残念なことに、売上金額の一部は顧客の倒産や品質問題の発生などで、代金の支払いに至らないこともあります。特に、取引先が海外企業である場合や経営体力の弱い中小企業の場合は、その確率が増大する危険性があります。厳密には売り上げの中から実際に顧客から支払ってもらった代金の分だけが、企業が現実に獲得した金になります。

［2］費用の減少を狙う

　在庫を持つ第2の目的は、損益計算書の中段にある「費用（コスト）」の減少です。例えば、次のようなものが具体的な項目となります。

・生産や物流をコストミニマムな状態に平準化する

・調達における業務を簡素化して管理工数を削減する

・ボリュームディスカウント（大量購入による値引き）によって原材料の購入単価を引き下げる

　企業の利益は、損益計算書において売り上げから費用を引いたもので計算されます。そのため、利益を最大化しようと考えると、売り上げを大きくするか費用を小さくするかのいずれかになります。在庫を持つとこれらの両面に寄与できることになります。

　製造業において費用（コスト）を小さくするためには、調達活動や生産活動、そして調達や出荷に関わる物流活動をできる限り効率的に行うことが求められます。

　調達活動では、ある程度の在庫を許容すれば、面倒な管理や交渉をしなくても済む分、調達業務を簡素化することが可能になります。生産活動で

第3章

は、ある程度の在庫を許容すれば、工場を最も効率良く運用するための設備稼働や人員配置、生産順序などを考えることができます。物流活動においても、ある程度の在庫を許容すれば、最も積載効率の良い運搬や、安価な輸送手段の手配などを考えることができます。

　一方、在庫を持つことで、調達部門では受け入れや仕分け業務が増大します。面倒な倉庫業務や管理業務も増える可能性があることを認識する必要があります。生産部門では現場にものがあふれて作業性が阻害されます。安全や品質トラブルが増加する危険性も認識しなければなりません。物流部門においても、そもそも物量が増えるために、運搬作業が増える可能性があることを認識する必要があります。

　加えて、本書で繰り返し言及していることですが、在庫を持つことで経営の目的である売り上げや利益を増やすことが可能になる一方、企業が保有する金が確実に減少していることを、常に認識しておかなければなりません。

　在庫を保有する（原材料を購入する、または製品を生産する）ことで一時的に企業の金が減少しても、それが適切に販売につながり（その結果として在庫が必ず減少し）、企業が金を増やせるのであれば問題はありません。しかし、在庫が販売に至らなかったり、販売に至っても工場や倉庫の中にはまだ在庫が残っていたりする状態は、一見すると、企業が売り上げや利益を増やしたように見えますが、企業の命である金が減少したままの状態であることを管理者は強く認識をしておくべきです。

　在庫を持つことは、費用を減少させる側面だけではなく、費用を増加させる側面もあります。在庫を保有することは、こうしたプラス面とマイナス面を冷静に考えなくてはなりません。

3.1.2　在庫は「必要性」ではなく「目的」でみる

　実務者が在庫を議論する場合、どうしても目の前にある実務上の問題を解決しなければならない立場であるために、在庫を持つ「必要性」が前面に出てしまうものです。大抵の在庫は、実務者が必要だから持つと判断した結果、企業に保有されることになります。

　しかし、これでは在庫を持つ「必要性」は満たされますが、それによって企業が経営上のメリットを得られるとは限りません。例えば、「顧客からの受注見込みが高い製品の原材料在庫をあらかじめ持っておく」という場合、受注の可能性がある製品を見込んで原材料を調達します。「注文を受けたときに、確実な対応ができるように準備する」という必要性があるから、原材料在庫を保有するわけです。

　しかし、運悪く予想に反して顧客から注文が来なかった場合、その原材料在庫は、不動在庫（長期滞留在庫）となる可能性もあります。これは生産に供給されず、販売されることもない、自社に保有されたままの状態の在庫のことです。この場合、経営視点での在庫を持つ目的は、生産体制を準備万端に整えることで受注を獲得することと、それによって売り上げと利益を増やすことです。

　ところが、「必要性」があるから持った原材料在庫でも、販売に至らなければ、経営が「目的」とする売り上げと利益の増加にはつながらないことになります。これが、在庫を持つ「必要性」を満たしても、在庫を持つことで経営の「目的」には貢献しなかった事例となります。

　本書は、経営者および管理者の視点から、在庫を持つ目的は何かを改めて考えることの重要性を説く、目的志向の在庫論です。将来の予測が困難で不確実な時代になるほど、在庫を保有しておきたくなる必要性は増大し

ます。しかし、必要性があるから在庫を持つという考え方だけでは、前記のような問題を抱えてしまうことになります。

　従って、在庫を持つ必要性だけではなく、在庫を持つ目的を考え、さらには目的を果たすために必要な在庫を持つと考えることが大切です。すなわち、目的志向へと視点を拡大していく必要があるのです。

3.1.3　企業が生み出す付加価値を増やす

　経営において重要なキーワードに「付加価値」という言葉があります。付加価値の定義は、「売り上げた金額と外部から購入したインプットへの支払い金額との差額が付加価値と呼ばれるものである。（中略）企業の存在意義を測る基本的指標である」〔『ゼミナール経営学入門』（日本経済新聞出版）〕です。すなわち、企業の利益を生み出す力の源としての意味を持っています。そのため、生み出す付加価値の大きな企業は強い企業であると評されることもあります。

　企業において、外部から購入したインプット、すなわち社外に支払う費用とは、おおむね原材料費や外注加工費になります。そして、売り上げから原材料費と外注加工費を引いたものが、企業が事業活動によって生み出すことができた付加価値となります。企業が生み出した付加価値から人件費やさまざまな費用を差し引き、その結果、残ったものが最終的な企業の利益となるのです。

　なお、外部から購入したインプットとして、動力費や水道光熱費、修繕費、減価償却費などを含めて考える場合や、さらには賃借料や保険料、保管料、旅費交通費、通信費、広告費などを含めて考える場合もあります。これらをどこまで含めるのか、実際には各社の規定に基づいて計算されます。

　売り上げから原材料費や外注加工費を引いたものといえば、管理会計の「限界利益」を思い浮かべる人も多いと思います。限界利益は、売り上げから変動費を引いたものと定義されています。これに対し、「付加価値」の定義は、売り上げから社外に流出した費用を引いたものとなっています。

　多くの企業では便宜的に、社外に流出した費用として原材料費と外注加工費を考えています。同様に変動費も原材料費および外注加工費と考えることが多く、おおむね限界利益と付加価値はほぼ同じものと考えて差し支えありません。

　ただし、厳密には、変動費の中に付加価値と考えられている従業員の残業代や賞与などを含める場合や、付加価値から外部支払いに関わるその他の諸費用（前述した動力費や水道光熱費など）を差し引く場合もあるため、完全に同一ではないことに注意が必要です。

　攻めの視点で在庫を持つ目的は、売り上げを最大化し、付加価値を大きくすることです。また、費用を最小化することは、原材料費においては、付加価値を大きくすることにつながるものです。それ以外の費用については、付加価値からさまざまな費用を引いて得られる利益を最大化することにつながるものとなります。つまり、攻めの視点で在庫を持つ目的の本質は、企業が生み出す付加価値の最大化を狙うことと言い換えることができます。

　この意味において端的に言えば、在庫を持つことで売り上げが大きくなったのか、利益が大きくなったのか、どちらかに（あるいは双方に）貢献していれば、在庫は（攻めの視点での）目的を果たしたと評価してよいでしょう。

　例えば、営業担当者が顧客の要求に対応できずに失注することは是が非でも避けたいと考えたとします。そこで、顧客から即納要求がありそうな製品は、ある程度の製品在庫を持っておくべきだと主張したとします。そして企業も売り上げ目標を達成するために、顧客からの即納要求に対応できるだけの製品在庫の保有を許容すると判断したとします。その結果、営

業担当者の予測通りに受注が実現し、売り上げと利益に貢献できれば、製品在庫の保有は適切だったと評価できるでしょう。製品在庫が販売につながり、売り上げと利益が増加するのであれば、それは企業の生み出す付加価値を増やしたということになります。

　ところが、営業担当者の予測が外れて、製品在庫の一部もしくは全部が受注につながらなければ、それらは全て企業にとって費用の増加となり、利益を減らしてしまうことになります。これはすなわち、企業の生み出す付加価値を減らしたことにほかなりません。

　そもそも、受注予測や為替変動などの将来予測は、経済や国際情勢が安定していた時代でも常に不確実性を伴っていました。それが、VUCA（変動性、不確実性、複雑性、曖昧性）の時代といわれるほど経済や国際情勢が目まぐるしく変化している現在ではなおさらです。市場や顧客の動向など、さまざまな情報を総合して営業担当者が深く考えても、一定の割合で予測と現実との間にはズレが生じるものです。

　そして、予測と現実のズレが発生すると、この事例のように、使われずに残った原材料在庫や仕掛かり在庫、売れずに残った製品在庫が発生することになり、これらの在庫は売り上げにも利益にも貢献しないまま工場や倉庫内に留め置かれるのです。

　「ものがなければ商売にならない」という力強い言葉は、在庫を持つ必要性を訴えるのに十分な威力を持っており、筆者もこれを否定するつもりは全くありません。しかし、この事例のように、在庫を持つ必要性（即納対応を実現したいという考え）は分かりますが、その結果を見ると、経営視点で在庫を持つ目的、すなわち売り上げと利益の増加には貢献しない場合もあり得るのです。

　ところが、多くの企業は在庫を持つ、持たないの議論を熱心に行うもの

の、いざ在庫を持ってしまった後、「その在庫は経営の目的に貢献したのか、貢献しなかったのか」といった評価をしないまま、事務的にその他の在庫と同様に扱っています。

　社内の情報分析能力を高めて将来予測の精度を向上させることも重要ですが、それよりもまず、現在の在庫、そして、今後も増えていく在庫に対して、目的に貢献したのか否かを厳しく見極める仕組みを作り、在庫の良し悪しを経営視点で評価することが優先だと考えます。

3.1.4　企業の競争優位を支える在庫

　製造業において、ものづくりのあるべき姿とは、「安全で 100 ％良品の品質が確保されていること」はもちろん、さらに「原材料の投入から、製品の出荷まで、工程間にもの（情報や人も含め）の溜まりがなく、最大効率で生産されている姿」〔『工場長の教科書』（日経 BP）〕です。

　もちろん、これはあくまでも理想の姿であり、現実の企業ではそれぞれに考慮すべき条件やさまざまな問題が存在しています。そのため、「企業経営を続けている限り追求し続けるべきゴールのイメージ」として、この姿を目指すのです。

　経営的に考えると、最大効率で生産を行うことは費用の圧縮につながり、損益計算書の利益の最大化を狙うことを意味します。加えて、原材料の投入から出荷まで溜まりのない生産を行うことは、貸借対照表の資産がより少ない状態で事業活動ができることを意味します。つまり、これは企業が金を最大効率で生み出している姿ということになります。

　製造業ではなく小売業や流通業でも、調達から出荷までの流れにおいてものの溜まりがなく最大効率で動いている姿を考えると、基本は同じです。前記に加えるなら「顧客に販売して、速やかに代金を回収している

姿」を目指すべきだと考えるとよいでしょう。

　企業においては、まず仕組みとして効率良く金を生み出す姿を追求することが必要になります。その上で、いかに厳しい競争を勝ち抜いていくかを考えたときに、「競争優位」という概念が重要になります。

　競争優位とは「その企業の行動が業界や市場で経済価値を創出し、かつ同様の行動をとっている企業がほとんど存在しない場合に、その企業が置かれるポジション」〔『企業戦略論【上】基本編』（ダイヤモンド社）〕を意味します。競合他社よりも低い価格で提供できる、競合他社よりも多くの品ぞろえで対応できる、競合他社よりも速く納品できる、競合他社よりも柔軟に仕様変更に対応できる、競合他社よりも優れた性能を提供できる、といったものが競争優位の源泉と考えることができます。

　また、米国の著名な経営学者であるマイケル・ポーターは3つの競争戦略の中で、他社に打ち勝つための3つの基本戦略（すなわち競争優位を獲得するための戦略）として、「コストリーダーシップ」「差別化」「集中」を挙げています〔『新版 競争の戦略』（ダイヤモンド社）〕。これらは、価格で競合他社を凌駕するか（コストリーダーシップ戦略）、性能やサービスなど競合他社にはない付加価値を提供するか（差別化戦略）、あるいは、特定の顧客や製品の種類、地域などに経営資源を集中させて、コストリーダーシップや差異化（またはその両方）を実現する（集中戦略）ものです。

　平たく言うと、競争優位とは、厳しい競争環境の中にあって、競合する他社の製品ではなく、自社の製品を選んで購入してくれるための、コストや性能、サービスなどの強みを意味します。

　これを在庫の面で考えると、例えば、競合他社よりも多くの種類の製品在庫を保有していることがその業界において競争優位を生み出すのであれば、いかに競合他社よりも多くの製品をすぐに販売できる状態で保有して

おくかが重要になります。

　受注から出荷までのリードタイムをいかに短くするかがその業界において競争優位を生み出すのであれば、最も効率の良い生産プロセスを構築することが重要になります。需要が予測される原材料や仕掛かり品、製品を確実に保有し、受注と同時に速やかに生産を開始して、最終工程を経て製品を出荷に至らしめる生産プロセスです。

　他にも、急な仕様の変更にも耐えられる柔軟な組織能力なども競争優位の源泉になります。可能性のある原材料を自社で保有したり、調達している原材料の仕様変更など原材料メーカーへの交渉力を高めたり、生産活動の途中であっても生産品目を柔軟に切り替えられるように仕掛かり品を適切に保有したりすることが柔軟にできる企業は、顧客から見て「臨機応変に対応してくれるので使い勝手が良い」という評価を得ることができるからです。

　もちろん、競争優位を生み出すには、製品の特性や品質を競合他社よりも優れたものにしたり、価格を競合他社よりも低くしたりすることが挙げられますが、顧客が必要とする製品を、顧客が必要とするタイミングで、顧客が必要とする数量だけを、確実に提供できる供給能力や顧客対応能力も、競争優位を生み出す源泉となります。

　企業が競争優位を獲得して競争に勝ち残るためには、調達から生産、出荷までのサプライチェーン（供給連鎖）をスムーズに運用できる能力が重要であり、原材料在庫や仕掛かり在庫、製品在庫などの在庫を適切に持つことは、その鍵となるのです。

　このように、在庫をどのように持つかは、企業の競争優位を生み出すための重要な戦略的活動でもあるのです。従って、単に実務的に生産や出荷を行うという側面だけではなく、いかに顧客から選ばれるかという競争優

位の視点からも考えることが重要だといえます。

3.2　実務者にとって在庫があると便利な現実

3.2.1　実務者の仕事の質と在庫の関係を考える

　第1章で解説した「在庫は仕事の質のバロメーター」という言葉に表されるように、仕事の質と在庫の量はおおむね連動するものです。実務者にとっては、自分たちの仕事をより効率良く、そしてより確実に行うために、在庫の存在は極めて有効な手段となり得るからです。

　理想工場の例え話を思い出してください。工場が追求し続けるゴールともいえる「あるべき姿」として「在庫がゼロの工場」を理解するのはそれほど難しくはありません。しかし、現実にはさまざまなトラブルや不確定要素が存在するため、在庫のゼロ化を目指すことはもちろん、在庫を減らすことすら「理想論」の話であり、現実の世界で日々生産と出荷に追われている実務者にとっては考える価値すらないと言っても言い過ぎではないかもしれません。

　現場作業や業務の改善活動を何度も経験した人にとって、「問題を解決するには、まず現状把握から」というのは鉄則であるというのは理解していると思います。在庫の最適化（できれば最小化）を実現したいと考えたときに、何がそれを阻害しているのかについて現状をよく理解しておくことは改善に向けた第一歩です。

　筆者が企業において作業改善や業務改革などのプロジェクトを行っていると、管理者や実務の中核を担っている人たちが、他の部門や担当者が行っていることをほとんど知らないことに驚きます。これは特定の企業の話ではなく、大企業か中小企業かを問わず、むしろ多数派であると認識し

てください。

　実務者であれ管理者であれ、自分自身が担当したことがある業務であれば、在庫が自部門の生産活動や業務にどのように役に立っているのかを把握しています。しかし、他の部門において在庫にどのような必要性が存在し、その必要性のために、どのような状況で在庫を持っておきたい動機が働くのかについては、あまり把握していないのです。そこでこの節では、実務者にとって在庫がいかに必要であるかという必要性の観点から、さまざまな部署が直面する問題について挙げていきます。

3.2.2　在庫がなければ商売にならない

　「売り物」がなければ、商売にならないのは当たり前の話です。例えば、注文を受けてから十分な余裕を持って生産して納品すればよいという場合、注文を受けた時点では在庫がない、あるいは完成品には至っていない状態であっても、必要な生産プロセスを経て顧客の求める納期に間に合わせることができれば何の問題もありません。しかし、多くの企業はそうした恵まれた状態にありません。

[1] 即納対応を求められるから

　それぞれの企業が属する業界や顧客との取引関係、その企業の経営方針によって大きく状況は変わりますが、一部の企業では、即納対応が求められます。即納対応とは、顧客からの注文があれば、文字通りすぐに納品することを求められることです。もちろん、事務処理の時間や物理的な配送などの時間はかかりますが、取引の形態によっては、そうした事務処理や配送の時間までも最短にすることを求められ、「注文から4時間（半日）以内に納品せよ」といった極端な事例も存在します。実は、保守部品や梱包

資材など入手までのスピードが要求される一部の製品では、「注文から2時間以内に納品せよ」といった契約があることも珍しくはありません。

　身近な例でいえば、小売店で店頭に商品が置いてある場合、顧客は店舗に買いに来れば、その場で代金と引き換えにその商品を手に入れることができます。オンラインショップでも同様で、「Amazon」のようなオンラインストアで注文して翌日には手元に届くといったものは、事実上の即納対応といえるでしょう。

　これは小売店などB to C（Business to Consumer；企業と一般消費者との取引）のビジネスを行っている企業だけではなく、B to B（Business to Business；企業と企業との取引）のビジネスを行っている企業も同様です。部品を注文すれば適切な事務手続きの時間や配送手続きの時間を経て、翌日には顧客に納品できるといった場合などは、やはり事実上の即納対応といえるでしょう。

　いずれにせよ、即納対応は顧客の要求があればすぐに納品することを可能にするために、製品や商品をあらかじめ保有しておくことが必須になります。顧客が何を買いたいのかが事前に分かっている場合は、該当する製品や商品を保有しておけばよいのですが、顧客が何を、どれだけ、どのタイミングで買いたいのかを事前には予測できない場合には、注文の可能性がある製品を数多く取りそろえ、顧客の要求に対して間違いのない対応しようと考えます。

　ただし、こうした即納対応は自社にとって負担が大きいというのも事実です。従って、即納対応を求められる取引では、該当する製品は、多くの競合相手との競争にさらされている製品か、汎用品（コモディティー品）と呼ばれる製品などとなっています。これは、顧客にとっては製品を欲しいと考えたときに、即納対応ができない取引先と無理に付き合う必要がな

いからです。すぐに同等の製品を他社で買えるため、顧客は他社に乗り換えればよいのです。

　あるいは、取引上の力関係に大きな差があり、顧客の方が圧倒的に優位な立場にある場合は、即納対応ができないとごねる取引先を力業でねじ伏せれば済みます。実際にはそこまで乱暴なことをしないまでも、即納対応をせざるを得ない状況の裏にはこうした苦しい背景があるものです。

　当然ですが、その会社でしか造れない製品であり、顧客は何としてもその製品を使わなければならない場合には、売り手側としての自社の交渉力はそれなりに高まります。そのため、「納期に10日かかります」といった交渉が可能になるのですが、顧客との厳しい駆け引き（交渉）の中で、失注や他社への乗り換えをちらつかされると、特に販売部門にとっては販売機会を失う恐怖、そして顧客を他社に奪われてしまう危機感に駆られます。それ故に、とにかく必要な在庫を持つことを考えるのは当然の成り行きといえるでしょう。

［2］短納期対応を求められるから

　ここでいう短納期対応とは、広義には何もない状態から原材料の手配を始め、その原材料の調達リードタイムと自社で生産活動を行って出荷するまでの生産リードタイムの期間の合計よりも、顧客が求める納期の方が短いことを指します。また、狭義には自社で生産活動を行って出荷までの生産リードタイムよりも、顧客が求める納期の方が短いことを指します。後者は実務者がよく用いるものです。

　例えば、原材料の調達を全て完了するまで30日、そして自社での生産活動に10日かかるとすると、合計で40日が必要となります。この状態で、顧客からの要求が10日後に納品せよというものであれば、企業としてそ

の要求を受け入れて受注すると決断した場合、受注した後で原材料を調達していては間に合いません。この事例であれば、顧客の要求である納期が自社の生産に必要なリードタイムである10日と同じだと考えれば、注文があった場合にすぐに生産ができるように、必要な原材料を全てそろえて保有しておき、注文と同時にすぐに生産を開始できるような状態にしておくことが求められます。

　もちろん、全ての原材料が第1工程に同時に投入されるものでない場合は、生産開始の時点では保有していなくても問題ない原材料もあります。ただし、そうした生産初日に必要ではない原材料でも、必要なタイミングでは必ず調達しなければ製品を完成させることはできないため、最終的に出荷には至りません。

　こうした事態に対応するためには、あらかじめ必要な在庫や必要と思われる在庫を全て確保しておくことが大切になります。また、この事例では顧客の要求納期と自社の生産リードタイムが一緒だったので微妙なところですが、自社の生産リードタイムすらも割り込むような顧客の要求があり、それを受注すると決断した場合には、製品在庫をあらかじめ持っておく、もしくは生産の途中工程までを進めた仕掛かり在庫を持っておくといったことが必要になります。自社での生産活動には10日かかるのに、顧客からの要求は5日後に納品せよといった場合がこれに該当します。

　全ての製品が全く別の生産プロセスで行われる場合は難しい対応となりますが、多くの企業では、前工程や一部の工程はどの製品でも共通するように設計されており、あらかじめ準備しておくことが可能な前工程や途中工程などが存在しているものです。それらを受注に先立ってあらかじめ実施しておくことにより、製品が完成するまでのリードタイムを短くするといった取り組みは多くの企業で行われています。

[3] 顧客を誘引する材料になるから

　分かりやすくいえば、品ぞろえの少ない商店と品ぞろえの豊富な商店が共に存在している場合、何か特段の理由がなければ、品ぞろえの豊富な店が顧客を獲得することは想像に難くありません。企業においても同様です。即納対応や短納期対応ができる品目を限定している代わりに、価格や品質など顧客に対する何らかのメリットを提供できるような取り組みを行っていればよいのですが、そうした特段の対応がない場合は、商品種類の豊富さが競合他社との差異化に関わってきます。

　そのため、より多くの販売機会を得るために、適切な在庫を保有しておき、顧客が自社を選択する確率をより高めるという戦略を採る方法が考えられます。この場合、顧客が本当に欲しいものを厳選して保有するという考え方から、顧客に少しでも興味を持ってもらうために品ぞろえを可能な限り多くするという在庫方針を採ることが考えられます。ただし、その代わりに、実際に購入に至らない在庫が多く発生してしまう危険性が伴うことは十分に注意しておく必要があります。

　製造業では、小売店のように店頭に商品を並べておくだけではなく、対応の可能性をできる限り多く提示できるようにしておくことが、競合他社との差異化につながります。受注の引き合いを受けたときに、短納期で対応できる製品を多く保有しておくことで、顧客の購買意欲を喚起するというものです。原材料在庫や仕掛かり在庫、製品在庫などを適切に保有しておくことで、実際には原材料の調達から出荷までに多くの日数がかかる場合でも、顧客に対して「このシリーズは、我が社の標準納期である5日で全て対応が可能です」といった営業ができるようになります。

　そして、もしもある受注の引き合いで商談成立には至らなかったとしても、顧客には、その企業がどのような製品を保有しており、それぞれどの

程度の納期で対応が可能なのかが記録（記憶）されることになります。その後、顧客において急な調達の必要性が生じたときに、真っ先に見積もり依頼や照会が来るのは、そうした情報をあらかじめ顧客に提示していた会社であることは想像に難くありません。

　つまり、在庫を保有しておくことは、次の顧客の獲得につながる重要な種まき活動であると考えることができるのです。

3.2.3　在庫がなければ生産できない

　原材料がなければ生産活動ができないのは当然です。必要な原材料が、必要なタイミングで全てそろっていなければ、生産活動を始めることができません。また、工程の途中で付け加えなければならない部分的なサブユニットなどの仕掛かり品がなければ、生産活動が途中で止まってしまうことも考えられます（図3-1）。

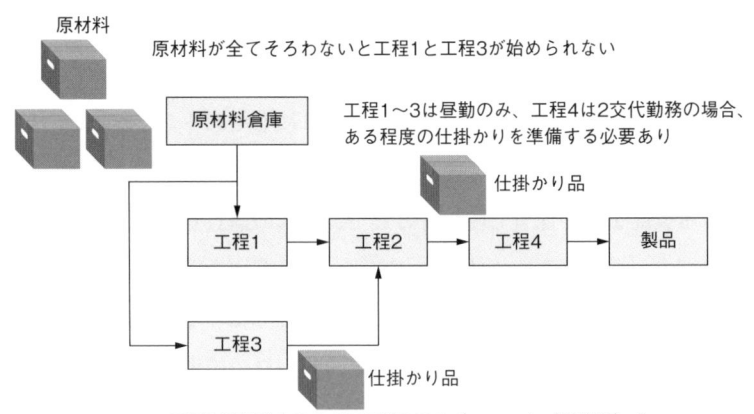

図 3-1 ●原材料やサブユニットのイメージ
（作成：筆者）

[1] 生産の平準化をしたいから

　顧客から定期的かつ一定量の受注があり、いつも同じように生産することができる企業はよいのですが、大抵の企業では、顧客からの注文数量は日々変動するものです。顧客からの需要が多いときと少ないとき、あるいは、市場の需要が高まったときと低迷したときといったように、週単位もしくは月単位（場合によれば年単位）で見ると繁閑のばらつきが発生します。そのため、生産能力を超える多忙なときもあれば、生産能力を下回って暇なときもあるものです。

　そうなると、生産においては、ある週は生産能力を超えて大量に造る必要に迫られ、別の週では生産するものがなくて暇になってしまうといったことが発生します。需要の多いときに合わせて生産を考えると、多くの生産設備や作業者の雇用が必要になります。仮にそうした準備をしたところで、需要が減ってしまうと生産設備や作業者に余剰が発生してしまいます。物流も同様です。忙しいときに合わせて物流施設やトラックなどを用意しておくと、忙しくないときには多くの余剰が発生してしまいます。これらは全て費用の増加を意味します。

　そのため、生産・物流においては最も忙しいときに合わせて準備するのではなく、平均的に市場の事業を満足できるだけの能力を用意しておき、できる限り忙しいときと忙しくないときの差が小さくなるように生産を「平準化」しようと考えます（図3-2）。

　生産活動をできる限り平準化することにより、安定した設備の稼働や、一定の人数の作業者で生産活動を継続することが可能になります。逆に、繁閑のばらつきが大きいにもかかわらず、工場の稼働が平準化されなければ、生産活動にかかる費用は割高になってしまい、企業の利益は減ってしまいます。

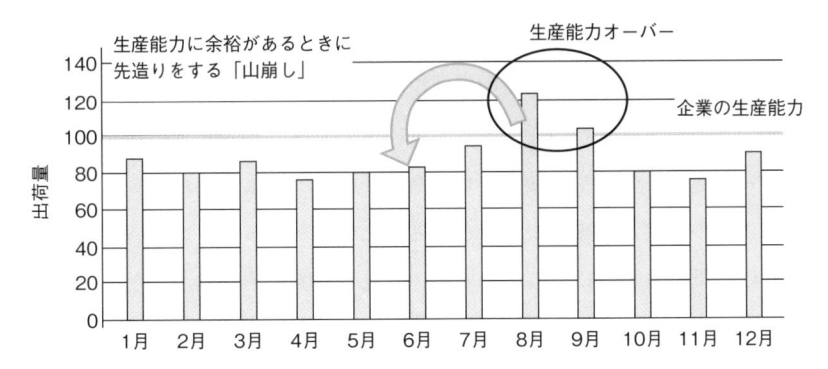

図 3-2 ● 生産の平準化
（作成：筆者）

　生産の平準化を行う場合には、まず将来の生産予測を行い、自社の生産能力を超えたタイミングと、自社の生産能力に余力があるタイミングを把握します。そして、生産能力が不足したタイミングでの生産を、顧客の需要が少なく生産能力に余力があるタイミングで生産するといった、週単位や月単位の中期的な視点で生産計画を調整することによって平準化します。

　つまり、生産活動の平準化を行おうとすれば、需要予測に即して、それらを先取りするように、生産能力のあるタイミングで「先造り」を行うことが必要になります。なお、この活動は、いわゆる「山崩し」と呼ばれ、近年では CRP（Capacity Requirements Planning；能力所要量計画）といった支援システムが活用されています。

　需要予測が当たった場合、うまく生産工場を稼働させることが可能になり、かつ、生産にかかる費用を最適化した状態で余計な在庫の発生も抑えることができます。しかし、需要予測が外れた場合、例えば、予測よりも現実の需要が下振れすると、余剰在庫が発生することになります。また、予測よりも現実の需要が上振れしてしまうと、あらかじめ先造りした在庫では需要を賄いきれなくなり、一層の追加生産を考えることが必要になり

ます。

　平準化生産を行っている工場では、一定の生産能力で生産活動を行っているため、急に何らかの増産対応に迫られても、すぐには対応できないことがあります。無理に対応すると、当初の生産計画を大きく変更する必要が出てくるため、他製品の生産に影響を及ぼしてしまうこともあります。

　こうした事態も想定すると、平準化生産においては、欠品を避ける、あるいは、ある程度の生産変動に対する余裕度を確保しておきたいといった思いから、需要予測よりも多めの数量で、原材料在庫や仕掛かり在庫、製品在庫を保有したいと考えるようになります。

[2] 工場の生産効率を上げたいから

　どのような注文が来ても自由自在に生産工程を組み換え、すぐに対応できるようなフレキシビリティー（自由度）のある工場であればよいのですが、大抵の工場には工場なりの都合があるものです。例えば、生産品目 A の後に生産品目 B を生産するよりも、生産品目 A の後に生産品目 C を生産した方が準備の切り替えなどの手間が少なく、より効率的にできるといった実情があります。

　本来であれば、顧客の需要に合わせて生産活動を行うことが最も在庫を少なくする手段になるのですが、それよりも工場の生産性（作業性）を考えると、自分たちの都合の良い生産順序で生産したいという動機が働きます。製造原価を下げるため、あるいは社内における生産性の目標数値の達成のためにこのように考えるのは当然のことです。

　工場の都合を優先すると、顧客の出荷とは異なるタイミングで生産の順番を設定して生産活動を行う必要が生じ、それに連動する形で原材料の調達を行うことが生じてしまいます。顧客の需要とは必ずしも連動しない形

で生産活動を行うわけですから、原材料在庫や仕掛かり在庫が必要になり、製品在庫も発生することになります。

[3] 調達業務を効率化したい

調達活動は自社の都合だけでは行えません。調達先である他社との交渉が必要だという厳しい前提条件があります。自社の要求を全てのんでくれるような対応力のある調達先であればよいのですが、調達先の交渉力が強い場合や、逆に調達先の技術力が弱く（あるいは管理力が弱く）、こちらの意図した通りに生産活動を行うことが難しいケースもあります。

例えば、調達先の交渉力が強い場合、100ケースしか必要ないのに、「1000ケース単位でなければ販売しない」といった交渉を投げ掛けられることがあります。あるいは、顧客からの発注見通しがまだ見えない段階であるにもかかわらず、調達先からの「内示を2カ月前にもらわないと、対応できない」といった要求をのまざるを得ない場合も発生します。

必要な原材料を必要な量だけ調達する、という理想的な仕事ができればよいのですが、現実の調達活動をそれに近づけようとすると、調達先との綿密な議論や厳しい交渉が必要となるため、調達活動の工数は膨大なものになってしまいます。

在庫を持つことを許容することにより、調達活動のそうしたシビアな調整事をある程度は簡素化することができるため、結果的に管理工数の削減に貢献することになります。

重要度の高い原材料でこうした業務の簡素化を考えることは少ないと思いますが、比較的重要度の低い原材料や、単価の低い原材料において、できる限り手間を省いた形で調達活動を行おうとするために、在庫を持つ選択をするのです。

[4]　調達費用を削減したい

　これも調達活動の一環になりますが、ボリュームディスカウントを狙う
ケースも考えられます。使用する予定の原材料の発注単位を大きくし、単
価を引き下げるのです。原材料費の低減を厳命された調達担当者にとっ
て、価格交渉の有効な手段として、よく活用される方法です。

　本来のボリュームディスカウントは、集中購買の考えがベースとなりま
す。例えば、同じ企業に属する2つの工場を想像してみてください。ある
部品がA工場で1万個、B工場で5000個の需要がある場合、A工場では
1個100円で購入できているにもかかわらず、B工場では購入数量が少な
いために1個150円で購入せざるを得ないといったことが発生します。そ
こで、A工場とB工場が個別に部品を調達するのではなく、A工場とB工
場が集中購買を行い、1万5000個の部品を1個98円で購入するといった
交渉を行うというのが、ボリュームディスカウントの考え方です。同じ原
材料に限らず、複数の原材料を一括して同じ調達先に発注することなど
も、ボリュームディスカウントを得るための手段となります。

　ところが、実際の調達業務では、前記のような買い方の工夫ではなく、
「たくさん買うから安くせよ」という安易な使われ方をしていることが少
なくありません。

　原材料を調達してから短期間でそれらが全て使用され、製品となって出
荷に至れば問題はありません。しかし、現実にはそうはならない場合もあ
ります。例えば、1カ月分の材料を購入していた企業が「6倍（6カ月分）
の材料を買う代わりに、単価を10％下げろ」と交渉して購入単価を下げ
ることに成功したとします。ところが、6カ月後の出荷見通しがずれる可
能性があります。従って、出荷見通しよりも現実が下振れすると余剰在庫
が発生し、上振れすると緊急に追加発注しなければならない事態に陥る恐

れがあるのです。

[5] 工場の対応力を強化したい

　顧客の注文が想定通りであればよいのですが、顧客が、いつ、どの製品を要求してくるかについて確実な情報が得られない場合が多々あります。あらかじめ売れるものが分かっていれば楽なのですが、実際には何が売れるかが分からない状況であることに加えて、顧客が要求を変更する可能性もあります。

　例えば、当初は 10 台の装置を注文すると内示していたにもかかわらず、実際には 15 台の発注がくるといったものや、逆に、8 台に数を減らして発注がくるといったケースが挙げられます。他にも、内示していた品目ではなく違う品目を納品するように要求が変わったり、生産開始直前になって仕様を変更してきたりすることもあります。

　自社の交渉力が強ければそれらを一定の条件で拒むことができるかもしれませんが、実際の取引ではそうした要求を拒むことは難しいものです。そのため、顧客からのさまざまな要求には柔軟に対応できるように準備しておく必要があります。

　競合他社に比べて、顧客からの無理難題を含めた変更要求に対して柔軟に対応できる能力を保持することは、自社の「競争優位」を確保する上で非常に重要な要素になる場合もあります。

　例えば、競合他社が生産を開始する 4 週間前には仕様を固めなければ対応ができないと言っているとします。これに対し、自社は生産を開始する 2 週間前までなら仕様の変更に対応できると打ち出せれば、競合他社に対して競争優位に立てます。また、前日の夕方までに連絡をもらえれば翌日の生産計画の変更に対応できるといったことも、競合他社がひしめく競争

環境の中では強みになるものです。

　工場は、顧客のわがままな要求にできる限り柔軟に対応する上で、原材料在庫や仕掛かり在庫、製品在庫を持っておく方が都合が良いのです。

　このように、在庫がなければ商売にならなかったり、在庫がなければ生産にならなかったりすることがさまざまな場面で発生します。そのため、特に実務を担っている部門では、在庫を持っておく必要性が高く位置付けられます。

　これを全否定するわけではありません。必要性があるために在庫を保有し、その在庫が経営の目的に貢献しているのであれば、その在庫は役に立ったと判断することができます。逆に、さまざまな必要性があるからという理由で在庫を保有したにもかかわらず、経営の目的に貢献しなかったのであれば、その在庫は役に立たなかったと、その結果を冷静に判断することが重要です。

3.3　在庫を持つことで付加価値をどう高めるか

3.3.1　その在庫は付加価値向上に寄与したのか

　実務者が必要性を踏まえて保有することを決断した在庫について、経営者や管理者は、その在庫が経営の目的に貢献したのか、もしくは企業の付加価値向上に寄与したのかを評価することが大切です。

　本書で繰り返し述べたように、経営の目的に貢献している、あるいは付加価値の向上に寄与しているのであれば、その在庫は目的を果たすことができたと評価することができます。しかし、必要性があったので保有したものの、結果として、企業の付加価値向上には寄与しなかったのであれば、「なぜそうなったのか」を振り返り、原因を追究する取り組みが重要

となります。

　例えば、売り上げの増加を狙い、受注の可能性が高いと考えて保有した原材料在庫や仕掛かり在庫、製品在庫について、それらを調達完了後もしくは生産完了後に、すぐに注文につながって出荷に至ったのであれば、極めて質の高い在庫だったと評価することができます。逆に、受注の可能性が高いと考えて調達や生産を実行したにもかかわらず、顧客からの注文が想定を下回り、多くの在庫が余ってしまった場合には、経営の目的に貢献はせず、付加価値の向上にもつながらなかった質の低い在庫だったと評価することができます。

　見込み生産の場合、生産が完了してすぐに出荷するケースは少ないかもしれませんが、在庫を保有してから3カ月以内で出荷に至った、あるいは6カ月以内に出荷に至ったなどの評価指標を社内で決めておき、想定した製品ごとに結果の良し悪しを評価していくのです。

　在庫保有の基準については業界によってさまざまですが、それなりに製品の動きが速い業界（製品の消費が激しい業界や製品が頻繁に注文される業界）であれば、3カ月以内に出荷に至らなかった在庫については、少なくとも短期的には経営の目的に貢献しなかったと判断するのが妥当です。また、多くの企業では不動在庫（長期滞留在庫）となる判断の基準を半年あるいは1年と規定しているため、例えば、半年（あるいは1年）を超えても出荷につながらなかった在庫については、問題のある在庫と考えるべきです。

　ただし、業界の特性にもよります。例えば、季節性のある製品の場合、「夏仕様品」の売れ残りは、品質などに問題がなければ次年度の夏に出荷が充てられるため、自動的に1年は在庫となるのを許容するといったケースもあります。この辺りは、市場特性と社内基準を勘案しながら判断して

いくことになります。

　なお、在庫の評価は、在庫を保有する基準（在庫水準）の指標である在庫回転日数（棚卸資産回転日数）で考えることが一般に行われています。在庫回転日数の目安は業界によって大きく違いますが、業界平均の在庫回転日数が20日である場合、企業においてその1.5倍や2倍といった在庫が過剰になる危険ラインを設定しておき、在庫の量がその基準を超えていないかどうかを定期的に確認する管理方法が運用されています（図3-3）。

　在庫量は企業において必ず把握しておくべき数値です。システムによる管理との親和性があるため、在庫量を目安にした在庫の過剰／過少を見ることが広く行われています。

　ただし、これは在庫の総量が過剰か過少かを見るには有効な手段ですが、調達した原材料や生産した仕掛かり品や製品がどれくらいの期間、自社内にあるのかを判断することは難しいという特徴があります。在庫は量

業種	在庫回転日数(月)
製造業全体	1.49
食品製造業	1.15
繊維工業	2.41
化学工業	2.03
鉄鋼業	2.22
非鉄金属製造業	2.73
金属製品製造業	1.20
電気機械器具製造業	1.41
輸送用機械器具製造業	0.93
非製造業全体	0.90
卸売業	0.79
小売業	0.95

図 3-3 ● 業界ごとの在庫回転日数（在庫月数の平均値）
（出所：財務省の資料を基に筆者が作成）

だけではなく、社内における滞留期間も管理対象にする必要があると考えてください。

3.3.2 目的達成に貢献しなかった在庫を把握する

目的達成に貢献した在庫か否かを把握するには、まず、「不動在庫化している在庫」の存在を適切に把握することがスタート地点となります。これは、比較的難易度の高い在庫管理のスキルを要求されるものです。

一般に、在庫は在庫の量と金額を把握されているものです。しかし、在庫の量や金額についてはデータとして把握しているものの、調達してから、もしくは生産してから何日間、あるいは何カ月間、自社内に存在しているのか、実際に在庫を保有している期間を把握していない企業は少なくありません。

在庫管理のデータで、「基準となる在庫水準2カ月（2カ月分の生産活動に使用するだけの在庫量）に対して、現在の○○の在庫水準は3カ月」といった形で、在庫が過剰となっているものを把握することは可能です。原材料にしても仕掛かり品や製品にしても、先入れ先出しが確実に行われていれば、在庫がどれだけの期間、自社内に置かれているのかはおおむね把握できます。さらに、個別にどの在庫がそれに該当するかを見る現品管理にまで至っていれば、より確実に把握しているといえます。

こうした管理が不十分で、年に1回もしくは半年に1回の棚卸しの際に目立った不動在庫については現物を把握しているというレベルの企業もあります。また、データ上での過剰在庫であることは認識していても、現物の把握にまでは至っておらず、帳簿上だけの管理になっている企業もあります。先入れ先出しすら守れていないため、実際の在庫の保有期間が分かっていない企業もあるというのが実態です。

　在庫管理のデータを活用している企業の中には、それぞれの在庫データに「最後に使った日」を記録している企業もあります。そうした企業では最後に使った日から一定の期間だけ動きがない場合は不動在庫化したと判断できるので、良い管理方法だといえます。

　ただし、筆者が見たある企業の事例では、「最後に使った日」の記録で不動在庫を監視していたものの、原材料在庫や仕掛かり在庫、製品在庫の在庫水準（在庫回転日数）については製品ごとの売上金額などのデータが調達部門では入手が難しいという理由で把握していませんでした。そのため、「最後に使った日は5日前」といった具合に、生産や販売に短期間で寄与しているように見えている在庫でも、実態は「1カ月に5kg程度使用する原材料が100kgある」といった驚きの状況になっていました。在庫月数（在庫日数ではない）にして20カ月なので、2年近い在庫を持っていたことになります。このように、1つの管理指標だけでは正しく実態を把握できないので注意が必要です。

　一般的な在庫管理では、在庫を保有する日数（在庫回転日数）が大きくなったものに対し、それらを適正量へと減らす取り組みが行われます。例えば、生産や調達を少し控える、積極的な販売活動を行う、あるいは販売の見通しが立たないものについては、廃棄や売却などの方策を考えるといったことが挙げられます。ある特定の在庫が、一体どれくらい自社の中に存在し、それが結局のところ販売につながって売り上げや利益に貢献したのか否かを評価するためには、在庫の総量管理だけではなく、在庫の現物管理にも注意を向けるなど、在庫管理のレベルを高めるべきです。

3.3.3　目的達成に貢献しなかった在庫の理由を問う

　次のステップは、なぜ目的達成に貢献しない在庫が発生したのかについ

て原因を追究し、既存の生産プロセスや業務プロセスを評価することです。誤解がないようにしてほしいのですが、担当者に対して今回の失敗を問い詰めるという意味ではありません。結果として不要な在庫を保有してしまった本質的な原因を追究し、今後の生産プロセスや業務プロセスに反映させることが目的です。

　まず、発生した問題の再発を議論する際に、その問題を引き起こした人を責めても本質的な解決策にはなりません。作業や業務上のトラブルの多くは、人が絡んで発生します。そのため、作業ミスといった品質トラブルや、判断ミスといった業務トラブルにおいて、その問題を直接的に引き起こした担当者が叱責され、その対策として「注意徹底」や「再教育」といったものが実施されます。

　しかし、個々の人の注意やスキルに依存して問題を解決することは上策とはいえません。そうした対策で問題の再発を防ぐことは無理だと考えるべきです。

　問題解決において気を付けなければならないのは、多くの問題は、たとえ直接的には人が引き起こしたものだとしても、その人自身に原因があるのではなく、その人が問題を引き起こすに至った何らかの要因があることです。人は、その何らかの要因が存在したが故に、いわば運悪く問題を引き起こした当事者になってしまったと捉えるべきです。

　参考になる考え方が、製造業においてよく使われる「4M」の切り口です。製造業では問題の発生した要因を4Mに区分して考えることが行われます。人（Man）に起因するのか、機械装置や治工具（Machine）に起因するのか、材料（Material）に起因するのか、それとも管理方法や作業方法（Method）に起因するのか、という区分です。それぞれの英語の頭文字をとって4Mと呼称しています。

　人への対策は、どうしても注意徹底や再教育で収まりがちで、それらが継続的に効果を発揮するのは難しいという現実があります。4Mへの対策であれば、設備の改修や材料の変更、作業方法や業務手順の変更、あるいは判断に活用する情報の変更、環境の変更など、具体的な変化点をつくり出せるので、より確実に、かつ継続的に対策の効果を発揮することができます。

　冷静に考えると、人が原因となる問題はほとんどありません。4Mのうち、例えばMachineである設備や治工具が不適切であったから人が問題を引き起こすに至ったのであれば、設備や治工具を適切なものに改善することが対策となります。作業方法や管理方法が不適切であったから人が問題を引き起こすに至ったのであれば、作業方法や管理方法を適切なものに改善することが対策となります。4Mの視点から、人が問題を引き起こすに至った別の要因を洗い出すことが問題解決の要だと考えてください。

　このように、対策すべきは「人」の意識や注意力、やる気といった類のものではなく、その人が問題を引き起こすに至った、人以外の要因に適切な対策を行うことが必須なのです。

　例えば、顧客からの情報を鵜呑みにして受注が確実だと見込んだ営業担当者がいたとします。その見込みに従って工場には生産準備を指示します。ところが、その情報通りには受注が実現しなければ、多くの原材料在庫や仕掛かり在庫が残ってしまいます。このとき、その営業担当者に「なぜそんな中途半端な情報で動いたのだ」と叱責しても解決にはなりません。問題だったのは、営業担当者の見識不足や不注意ではなく、顧客からの情報を判断するプロセスだと考えるのです。

　顧客からの見込み情報に対してどのようにして裏取りするかや、どのようにして情報の確からしさを高めるのかといった具体的な業務のやり方を

議論し、それらを業務手順に落とし込むことが適切な対策になります。具体的な行動の変化が発生して初めて、問題の再発を防げる可能性が高まるのです。

　そもそも確実な将来予測は不可能ですし、顧客自身も自らの生産動向がどうなるのかを正確には予測できないため、こうした活動に限界があるのは事実です。しかし、在庫は仕事の質のバロメーターという言葉の通り、仕事の質を高める取り組みを継続して行うことが重要なのだと理解してください。

3.3.4　目的達成に貢献しなかった在庫の現金化

　最後のステップは、実際に保有してしまった在庫をどう処理するかです。在庫を増やさない取り組みは前述しましたが、既に保有してしまった在庫は、売却するか転用するか、それとも廃棄するかの三択しか取り得る手段はありません。

　売却する場合、その在庫の正当な価値を保ちながら製品として販売するケースと、正当な価値は既に失われているために安価（通常の販売価格以下の価格）で販売するケース、そして製品としてでは売却が難しく、例えば、再生材料やリサイクル品のような形で、ある種の処分価格として再処理業者や他社に売却するパターンが考えられます。

　転用する場合、自社の中でそのまま他の製品として販売することが可能なケースと、多少の修正や改造を加えることによって（工数は必要ですが）他の製品として販売することが可能なケースがあります。類似品などを多く生産している企業では、こうした転用方法も考えておく必要があります。

保有した在庫を転用処分しなければならない事態があらかじめ想定できる場合には、他製品への転用方法や、修正が必要な箇所や具体的な修正方法、信頼性などの評価、各種規制などへの対応評価、顧客承認の有無の確認方法など、事前の設計確認や生産工程確認を考えておくこともリスクマネジメントの1つとして必要です。いざ転用しようと考えてから各種の設計評価などを始めると時間がかかり過ぎ、場合によっては、転用したい原材料の保管期限を過ぎてしまうといった残念な結果に終わることも少なくありません。

　また、転用する場合、比較的簡単な修正や改造で他の製品として販売できればよいのですが、多くの工数がかかると製品としては利益が出ない状態になることも考えられます。廃棄してそれまでかかった費用の全額を無駄にするのか、あるいは、転用後に売却（販売）することができて、多少なりとも費用を回収することができるのか、廃棄する場合の費用（廃棄することで無駄になる原材料費や加工費など）と転用する場合の費用（原材料費と当初の加工費、修正や改造にかかった費用）とを比較して、どちらを選ぶべきかを考える必要があります。

　さらに、自社製品として別の製品に転用する案のほかに、他社で転用が可能な場合であればそれらを検討する必要もあります。例えば、本来であれば生産に活用されるべき部材を、顧客に対して保守サービスパーツのような形で販売することなどは、その手段の1つといえます。自社で保有している原材料が同業他社や関係会社で別の製品の原材料として活用できるのであれば、資源を有効活用する観点から、会社の枠組みを超えて転用を模索するとよいでしょう。

　そして、廃棄する場合とは、もう金銭に置き換えるのを諦めるということです。将来的に価値を生み出さない、もしくは生み出す価値よりもかかる費用の方が大きいために有価物としての活用を諦めるという判断を下したときは、廃棄という形で処分することになります。

　廃棄することにより、原材料などを購入した金額や、仕掛かり品や製品であれば加工に要した費用、そして、それまでの在庫管理に関わる費用を把握し、不要な在庫が発生したときに、結局のところ、いくらの金を無駄にしてしまったのかを定量的に把握することが大切です。

　例えば、原材料在庫であれば、その資産価値は原材料の購入費のみです。これに対し、製品や仕掛かり品では、原材料費だけではなく、加工に要した工数や自社での諸経費、管理費などが加わるため、より大きな資産価値を持ちます。従って、廃棄すると、より大きな金額が無駄になるため、その金額を正しく把握しておく必要があるのです。

　廃棄に伴って無駄にしてしまった費用を把握することで、目的達成に貢献しなかった在庫の妥当性を評価することも可能になります。例えば、ある製品の原価企画において、こうした見込み違いによって発生した不動在庫の廃棄費用を製品単価の1％と設定（想定）したとします。その製品の単価が1000円で企画数量が1万個であれば、この製品の総売上額は1000万円になります。その金額の1％、すなわち10万円未満であれば予算内と考え、それ以上になれば、予算から逸脱したとして原因追究をより丁寧に行うなどの取り組みにつなげることもできます。

　このように、最終的に在庫の是非を冷静に評価し、さらに結果として生じてしまった在庫については適切に振り返りながら、可能な限り「現金化」に取り組むのです。こうした取り組みを「不動在庫の現金化計画」（図3-4）と呼び、通常の在庫管理とは別に管理を行います。

　不動在庫の現金化計画では、対象となる在庫（原材料、仕掛かり品、製品）と数量、金額を明確にし、どのような現金化策を講じるのか、その担当者と期限を明確に区切り、月例の会議などでその進捗を押さえていく取り組みを行います。

現金化プロジェクト推進管理表

資産コード	資産品目名	滞留期間	最終使用	管理区分	在庫数量	在庫金額	現金化部門	担当者名	期日	アプローチ案	現金化額	実施日	コメント

1．長期滞留資産、未使用の固定資産をリストアップ
　　現金化に向けた全社活動を実施。現金化プロジェクトを推進
2．長期滞留化・不動資産化の再発を防止し、一層の在庫削減に向け、在庫基
　　準の見直し、ライフサイクルマネージメントの方法などを構築する

図 3-4 ●不動在庫の現金化計画の例
（作成：筆者）

　こうして、不動在庫を確実に現金化すると同時に、目的達成に貢献しなかった在庫の存在を顕在化させ、組織内での業務推進や生産活動の質の向上に役立てるのです。

3.3.5　予防的な処置へと発展させる

　明確な需要が確定しない段階で原材料の手配や生産を行う場合、当然ながら将来予測の精度が重要になることは既に述べた通りです。しかし、現実には、将来予測はとても難しく、その企業の力量に反映されたある種の限界が存在します。そうした状況の中で、もう1つ考えておくべきことがあります。それは、不動在庫（使用するめどがない在庫）になる前に、不動在庫になりかけの在庫（使用するめどがなく、このままでは不動在庫になってしまうと思われる在庫、図3-5）を把握し、それらを重点的に管理の対象にする方法です。

材料および仕掛かり在庫推移　　　　　　　　　（単位：1000円/日数=翌月消費高比ベース）

月 在庫実績	4		5		6		7		8		9	
	金額	日数	金額	日数	金額	日数	金額	日数	金額	日数	金額	日数
仕掛かり品												
材料　倉庫												
現場												
計												
支給先												

滞留在庫推移　　腐りかけの在庫＝後少しで「長期滞留在庫」になる　　（単位：1000円）

滞留月数	4	5	6	7	8	9
1～3カ月						
4～6カ月						
7～9カ月						
10～12カ月						
13カ月以上						
計						

腐っている在庫＝既に長期滞留在庫になってしまった

腐りかけの在庫、腐っている在庫をリストアップし、
具体的な対策を月々行っていくことが基本

図3-5 ●「腐りかけの在庫」を管理する
（作成：筆者）

　例えば、6カ月間保管しても出荷につながらなかった在庫を使用するめ
どがないと判断する場合、その半分程度の3カ月前ぐらいの時点で「この
在庫は残り3カ月で本当に販売につながるのか」と中間的な確認を行うの
です。もしもその時点で使用するめどが立たないのであれば、さらに3カ
月がたって不動在庫となる前に、どのように現金化すべきかについてその
手段を検討しておくことが予防的な処置になります。

　運に任せて販売の可能性を期待するのではなく、実際に今後の販売活動
にどのような追加の取り組みを織り込むのか。販売のめどが立たないので
あれば、どのような転用や廃棄処置を行うのか。いざそのタイミングに
なって初めて取り組みを考えても、すぐに実行できる手段は限られてしま
います。

　顧客への販売促進の検討にも、転用の検討にも、廃棄の検討にも、一定
の期間が必要です。そこで、不動在庫と判断する3カ月ほど前からこれら

をどうするかについて検討・議論しておけば、実際に不動在庫になってしてしまう在庫の量をできる限り減らしたり、転用や廃棄処理の実行をトラブルなくスムーズに行ったりすることができます。

　いわば、「腐ってしまったもの」をどうするかについて議論する前に、「腐りかけのものをどう処理するか」と、一歩上流側に管理の手を伸ばすことが、この取り組みのポイントになります。

4

その在庫はリスクの回避・低減に
役立っているか

その在庫はリスクの回避・低減に役立っているか

4.1　在庫を持つことは経営を安定化するための手段

4.1.1　在庫を持つ目的は何か─守りの視点で考える─

　第 3 章では在庫を持つことのプラス面を攻めの視点から考えました。在庫を持つことの経営的なプラス面は、企業が生み出す付加価値を高めることです。言い換えると、在庫を持つことで売り上げがより増加する、あるいは利益がより増加することを狙ったものが、在庫を持つことのプラス面になります。

　本章では、在庫を持つことのもう 1 つの側面である、リスクの回避・低減といった守りの視点から在庫を持つ目的を挙げてみます。

[1]　企業が直面するリスクとは

　まず、企業が直面するリスクについて整理しておきましょう。リスクは「組織の収益や損失に影響を与える不確実性」と定義されます。日本産業規格である JIS Q 31000:2019 では、リスクを「目的に対する不確かさの影響」と定義しています。また同規格では「影響とは、期待されていることからかい（乖）離することをいう。影響には、好ましいもの、好ましくないもの、又はその両方の場合があり得る。影響は、機会又は脅威を示したり、創り出したり、もたらしたりすることがあり得る」と補足されています。このような影響が発生するような事態の可能性と、それが発生したときの影響の大きさの組み合わせをリスクと考えるのです（図 4-1）。

　例えば、火災の起きやすい設備があった場合、火災の起きる可能性が大きく、そして火災が発生した場合の影響も大きいのであれば、「火災の発

	発生頻度		影響度
リスクレベル ＝	発生する確率	×	発生したときの影響の大きさ

1．発生する確率の検討事例（1～5点までの5段階評価）
・リスクがないと根拠を持って示せる場合を1点とする
・逆に、リスクの制御が全くできていない場合を5点とする
2．影響の大きさの検討事例（1～5点までの5段階評価）
・リスクがない、もしくはリスクはあるが影響がない場合を1点とする
・リスクが発生した場合、社会的に大きな影響を及ぼすと想定される場合を5点とする
3．リスクレベルの考え方
・発生確率と、影響の大きさの「積」で表し、最小は1点、最大は25点となる。
発生の可能性が高く、発生した場合の影響が大きいものほどリスクレベルは「大」

図 4-1 ●リスクの考え方
（作成：筆者）

生」というリスクは、発生確率も結果の影響度も大きいので、リスクは「大」であると考えます。ここで設備の改修を行い、火災の起きる可能性を小さくすると、結果の影響度は大きいものの発生確率は小さくなるので、リスクは「小」になったと考えるのです。

一般的には、好ましくない影響（マイナスの影響）を発生させる可能性のことをリスクと考えますが、JIS の定義にあるように、広義には事象が顕在化したときに、新たな機会を創出するような好ましい影響（プラスの影響）を発生することもリスクの1つと考えます。

A：マイナスの影響のみを発生させる可能性のあるリスク
　例）自然災害、品質不良の発生、調達先のトラブルなど
B：プラスもマイナスも双方の影響を発生させる可能性のあるリスク
　例）為替相場の変動、景気の変動など
C：マイナスの影響と同時に、全く別のプラスの影響を発生させる可能性のあるリスク
　例）技術革新で古い技術が淘汰されて新しい技術の需要が発生するな

　　　ど

D：プラスの影響のみを発生させる可能性のあるものはリスクとは呼ばな
　　い

　リスクをもう少し具体的に見ていきましょう。経済産業省経済産業政策
局産業資金課が編纂した『先進企業から学ぶ事業リスクマネジメント実践
テキスト』では、企業が事業活動に影響を与えると認識しているリスク
ファクターとして以下の 11 項目を挙げています。これらは事業継続計画
（BCP：Business Continuity Plan）を検討するときには必ず押さえてお
かなければならない項目といえます。

・市場リスク

・信用リスク

・財務リスク

・不動産リスク

・自然要因リスク

・人的要因リスク

・制度的リスク

・情報システムリスク

・業務リスク

・技術・製品要因リスク

・レピュテーションリスク（評判を害するリスク）

　本書は企業のリスクマネジメントを論じる書籍ではないため、ここでは
これら 11 項目の中から、在庫に関連するリスクファクターについて深掘
りします。技術・製品要因リスクと市場リスク、信用リスク、自然要因リ
スク、レピュテーションリスクです。

［2］技術・製品要因リスク

　技術・製品要因リスクは、企業が製品を生産する活動において、原材料の調達から顧客に販売するまでの全ての工程に存在するリスクを指します。具体的には、品質リスクと調達リスク、工場事故リスク、そして製品瑕疵リスクが挙げられます。

　品質リスクとは、品質問題が発生することによって顧客や自社に金銭的な損害を及ぼしてしまうリスク、時には身体的な損害を及ぼしてしまうようなリスクを指します。

　調達リスクとは、調達活動において必要な原材料を適切に調達ができなくなり、その結果として自社の生産・出荷ができなくなるリスクを指します。

　工場事故リスクとは、工場において爆発や火災、有害物質の漏洩などの事故が発生し、工場の生産が止まることで出荷できなくなるリスクや、自社の生産設備が大きな金銭的損害を被るリスク、時には自社の従業員に身体的な損害を与えてしまうようなリスクを指します。加えて、設備の故障やトラブルによって生産が止まり、出荷できなくなるといったものもこのリスクに該当します。

　製品瑕疵リスクとは、本来ならその製品に備わっているはずの機能や品質が備わっていないために、顧客に対して金銭的あるいは身体的な被害を及ぼしてしまうリスクを指します。例えば、安全に配慮した形状になるべき箇所が、設計上あるいは製造上の問題によってそれを十分に満たしていなかったために顧客がけがを負ってしまったという問題が存在するリスクのことです。

　こうしたリスクの顕在化（可能性を意味するリスクが現実の問題として発生した場合）が発生すると、顧客に金銭的な損害を与えた場合には、損

害賠償請求や事後処置費用が必要になります。加えて、自社においては生産が止まったり遅延したりする問題が発生するため、やはり余計な費用が発生することになります。その結果、企業の利益が損なわれるだけではなく、企業の信用が大きく傷つく恐れがあります。

　在庫の視点で考えると、こうしたリスクの顕在化によって顧客への出荷が滞ってしまい、その結果、売り上げや利益を毀損してしまう可能性が考えられます。こうした事態を防ぐためには、リスクが顕在化した場合でも顧客への出荷をできる限り滞りなく進められるように準備しておく必要があります。具体的には、適切な原材料在庫や仕掛かり在庫、製品在庫を保有しておくと、リスクの顕在化に備えることができます。

［3］市場リスク

　市場リスクとは、金利や為替、株式相場の変動など、金融市場におけるさまざまな要因が変化することにより、企業が保有する資産や負債の価値が変動して損害が発生するリスクを指します。加えて、金融市場における問題だけではなく、社会経済全体の景気変動なども企業の業績を大きく左右するため、これも市場リスクに含めます。

　この市場リスクの顕在化が発生すると、企業は経営を大きく揺さぶられることになります。為替相場の変動では、輸出入への依存度が高い産業が大きな打撃を受けることもあります。

　例えば、為替の変動が円安側に大きく振れた状況では、海外からの原材料の調達価格が高騰する事態となり、製造原価を大きく上昇させて、企業の利益を圧迫することになります。原油価格の高騰などでエネルギー費用や物流費用まで高騰する可能性があります。その影響は、国内から調達している原材料も無縁ではありません。海外製の原材料を使用している場合

は、生産を国内で行っている取引先であっても、深刻な影響が連鎖的に及ぶことが免れません。

　外貨建て取引をしているような輸出産業では、同じドル建て価格で販売しても円換算にするとより高い価格で取引できることになります。ただし、これは円高になると逆の事が発生することは言うまでもありません。また、経済の景気動向が変わることで企業の活動が促進される場合も、逆に企業の活動が停滞することがあり得ます。

　在庫の視点で考えると、こうしたリスクの顕在化によって、原材料の調達価格や自社における加工費が高騰することが考えられます。従って、原材料の調達費用が上昇する可能性が見込めるケースでは、価格が低い時期にできる限り多くの原材料を購入しておくことなどの対策を考える必要があります。エネルギー費用が高騰する可能性が見込める場合は、できる限りエネルギー費用の低いタイミングで先行生産しておくといったことが対策になります。つまり、顕在化するリスクに対応するためには、適切な原材料在庫や仕掛かり在庫、製品在庫をリスク回避の目的で保有する必要性が生じるのです。

　また、こうしたリスクの顕在化によって景気そのものが変動し、顧客の需要動向が変動することも考えられます。すると、景気が低迷する方向に動けば、既に保有している原材料在庫や仕掛かり在庫、製品在庫が余ってしまう可能性があります。逆に、景気が回復する方向に動けば、在庫を積み増して急な増産要請に対応できるように準備しなければならない事態も発生し得ます。景気の先行きや顧客企業の動向を踏まえて、在庫の持ち方を調整しなければならない局面もあるということです。

[4] 信用リスク

信用リスクとは、取引において与信の供与先がデフォルトしたり信用状態が悪化したりすることで、代金の回収ができなくなるなど金銭的な損害を被るリスクを指します。

MEMO 与信とは、取引先に対して信用を供与することを意味します。具体的には、製品や商品を納品したときにその場で代金を受領するのではなく、一定の期間の後に支払いを受ける「掛け取引（与信取引ともいいます）」を行うことを指します。例えば「当月の購入に対する支払いを翌月末に支払う」といった取引で、企業間取引のほとんどはこの形態で行われています。取引先が将来、必ず代金を支払ってくれることを信用した取引になります。また、「デフォルト」とは債務不履行の意味で、取引先が何らかの理由で代金を支払えなくなったことを指します。

掛け取引（与信取引）を行うと、取引先が代金を払わないかもしれないというリスクが発生します。従って、取引先にリスクがあるか否かを継続的に確認し、万が一リスクが顕在化したときに備えて、損害をできる限り低減できるようにしておく必要があります。具体的には、年に1回といった具合に定期的に取引先の経営情報を収集し、リスクの有無を分析することによって取引先の信用力を定量的に把握することになります。

もしも信用リスクの懸念が生じた場合は、取引を止める、あるいは取引条件を変えるといった対策を行い、万が一リスクが顕在化したときには、自社に対して損害が発生しないような対応をとります。いわゆる与信管理という活動がこれに相当します。

一般に信用リスクといえば、こちらが売り手側で、買い手側（つまり顧客）からの代金回収ができない場合のことを指します。しかし、こちらが買い手側で、売り手側（調達先や外注加工先）が経営的に困難な状況になるケースも信用リスクとして考えます。

　在庫の視点で考えると、市場環境が悪化することにより、原材料などの調達先や外注加工先の経営が悪化し、事業の縮小や撤退、倒産といった事態に陥って、原材料の調達そのものが困難になってしまうことが考えられます。従って、経営状態に不安があるような調達先からは、できる限り調達が可能なうちに必要な数量を確保するといった取り組みを考えなくてはなりません。あるいは、代替候補となる調達先の探索や、他の調達先からの調達比率を高めるなどの取り組みを並行して行い、リスクが顕在化したときの被害をできる限り小さくすることを考える必要があります。

　加えて、調達先が正常な生産活動を行えなくなると、調達した原材料の品質に大きな問題が発生する恐れもあります。調達先の経営が傾くと、例えば、設備に適切なメンテナンスが行われなくなったり、生産の中核を担っている優秀な人材が退社したりしてしまい、スキルを持たない人材や経験の浅い人材によって生産活動が継続される可能性があるのです。また、経営が安定しているときは丁寧な業務や作業を行う企業であっても、経営が傾くと背に腹は変えられなくなり、さまざまな業務や作業を簡素化したり手を抜いたりすることが起こり得ます。

　リスク低減のためには、経営が傾いた企業からは良好な品質のものが納品される可能性は低いと捉えなければなりません。信用リスクが懸念される調達先からの原材料は、特に念入りに受け入れ検査を実施するといった対策を追加で考える必要があります。

［5］自然要因リスク

　自然要因リスクとは、自然災害などによって事業活動が継続できなくなり、金銭的な損害や従業員の身体的な損害を被るリスクを指します。

　新型コロナウイルス感染症のパンデミック（世界的流行）的な拡大や、

毎年のように起こる台風による建物の倒壊や風水害、さらには広範囲に影響及ぼす大規模な地震などが自然要因リスクの代表例です。

　自然要因リスクの発生を回避することは不可能です。従って、リスクが顕在化したときに、企業が被る損害をいかに少なくするかという取り組みが中心の対策となります。

　在庫の視点で考えると、自然要因リスクの顕在化によって原材料が調達できなくなることや、拠点間での物流が不可能（あるいは大幅に遅延）になること、自社の工場が大きな損害を受けて生産活動を継続できなくなることなどを想定することになります。しかし、リスクの顕在化が予測不可能であるため、これらのリスクに備えてあらかじめ在庫を多く持っておくことは現実的ではありません。

　その代わりに、万が一リスクが顕在化したときに備えて、代替候補の調達先の確保や、代替となる物流経路の確保、自社の生産工程の早期回復、自社内における代替生産手段の運用の早期開始ができるかどうかを考えることになります。

　ただし、特定の企業だけでしか生産できない原材料や、極めて入手経路が限定される原材料については、自然災害リスクはもちろん、それ以外のさまざまなリスクを考慮し、常に一定量の在庫を保有しておく場合もあります。つまり、自社の生産活動が継続できるように最小限のリスク対応在庫を持っておくのです。

［6］レピュテーションリスク

　レピュテーションリスクは、企業にとって否定的な評価や負の評判が世間に対して広まり、企業の信用やブランド価値が悪化して、売り上げが大きく減少したり取引先が離反したりして、結果的に損害を被るリスクを指

します。

　近年多くの企業でニュースを賑^{にぎ}わせている品質不正問題は、まさにこのレビュテーションリスクです。もしも自社の企業内部で悪質な品質不正が行われていることが市場で発覚した場合、顧客が逃げるなどして業績の極端な悪化につながってしまうことは周知の事実です。

　取引先でも全く同じことが起こります。例えば、調達先がレビュテーションリスクを顕在化させると、その企業の経営が悪化するため、信用リスクと同様の問題が発生してしまいます。また、顧客がレビュテーションリスクを顕在化させると、顧客の経営が悪化して事業活動が抑制され、本来ならば購入してくれるはずだった製品の注文が取り消されてしまう（あるいは大幅に数量を減らされてしまう）ことも起こり得ます。

　そのため、調達先に対しても顧客に対しても、世間に周知されることで社会的な信用が失墜するレビュテーションリスクが顕在化していないかどうか、ニュースや業界誌、SNS（交流サイト）などで動向を定期的に把握することが必要です。そして、レビュテーションリスクが顕在化した場合は、調達先に対し、確実な事業運営が今後も継続されるかどうかを確認します。顧客に対しても同様に、自社が生産している製品を予定通り購入してもらえるかどうかを確認します。もしも、自社なりの判断で、取引先の事業運営の継続に懸念を感じた場合は、調達や販売を抑制するなど、自社に対する金銭的な損害をミニマム化する取り組みが必要になります。

　在庫の視点で考えると、こうしたリスクが顕在化、あるいは顕在化しそ

うになった場合は、その悪評が事実なのか、それとも根拠のない流言なのかを追求するという厄介な仕事が発生します。

　調達先であれば、経営者などへのヒアリングだけではなく、調達先の工程監査や調達品現物の詳細な検査（通常では検査しない項目を含めて）を通して事実確認を行います。もしも悪評が事実であれば、取引を中断するなどの厳しい処置を採る必要にも迫られます。悪評が事実無根であれば、調達先に適切な対応を行うと同時に、経営不安に陥る可能性を見越して通常よりも多くの原材料在庫を確保しておくなど、自社の生産への影響を最小化する手段を講じなければなりません。

　顧客に対してであれば、調査に入ることは難しいので、悪評の真偽を問うことには限界があります。しかし、注文が取り消されたり、注文数が大きく減ったりする可能性があることを想定し、できる限り仕掛かり品や製品の先行生産を控えるなどの手を打つことを考えるべきです。また、製品として在庫を持っておく企業であれば、生産を抑制して仕掛かり品や原材料のままとどめておくなど、仮に需要が減少した場合でも自社への被害を最小化する方法を考えなければなりません。

4.1.2　「安心」ではなく「安全」の視点で在庫を考える

　在庫を考えるときに「安全在庫」と「安心在庫」という言葉が頻出します。安全在庫は、過去の実績を基に、将来の不確定な需要に対しても「最低限、この量を確実に保有していれば欠品には至らない」という在庫量を指します。安全在庫の量は、過去の実績を基にした理論計算で算出されるか、あるいは、その理論計算の値に実務者の経験を加味して調整した結果として算出されるものです。論理的に設定された値なので（実際には勘と経験と度胸、いわゆる KKD で決められる場合もありますが）、ある程度

の信頼性を確保したものとなります。

　一方、安心在庫は、明確な根拠がないものの、持っていると何となく安心するという意味で用いられる言葉で、多くは否定的な意味合いで使われます。しかし、実務者の立場では、生産や出荷に絶対に影響を及ぼしたくないという思いから、できる限り安心在庫を持っておこうという圧力がかかります（図4-2）。

　例えば、「設備の故障が発生すると、その復旧に1時間ほどの時間が必要」という場合、生産と出荷の継続を考えると、その設備が故障しても困らないように1時間分の仕掛かり在庫を持っておけば問題の発生を回避できます。これに対し、「復旧に1時間以上かかって1時間分の仕掛かり在庫では足りない事態が起こるかもしれない」と考えて、1シフト＝8時間分の仕掛かり在庫を持つとします。すると、本来持っておくべき1時間分の仕掛かり在庫と、実際に確保した8時間分の仕掛かり在庫との差、すなわち7時間分の仕掛かり在庫が安心在庫になります。

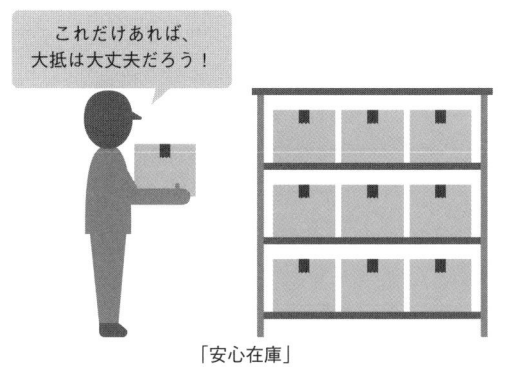

「安心在庫」
根拠は薄いが、持っていると何となく安心する在庫
使う／使わない、売れる／売れないとは関係なく「欲しい」から持っていないか？

図4-2 ●安心在庫のイメージ
（作成：筆者）

　あるいは、過去の経験から100ケースの製品在庫があれば顧客からの注文に対応できる場合でも、「過去に1度、一気に200ケースの注文が入ったことがあるから」と、ごくまれな事象の経験を基に、常に200ケースを必ず製品在庫として持つといったケースがあります。この場合、根拠のある在庫量と、不安だからと積み増した現実の在庫量との差、つまり100ケースが安心在庫ということになります。

　安全や安心という言葉は同じような意味で使われることがありますが、安全は安全性というように客観的な意味で使われ、安心は安心感というように主観的な意味で使われます。 安全の反対の言葉は「危険」、安心の反対は「不安」です（図4-3）。

　不要な在庫を持つことなく、一方で経営のリスクを回避・低減するための在庫を考えるには、主観的に不安な状態を解消するために安心在庫を持つという視点ではなく、客観的に危険を回避する視点が必要です。リスクの顕在化を回避する、あるいはリスクが顕在化したときの被害を最小化す

安全	客観的なもので、対義語は「危険」 どの程度、安全なのか危険なのかを議論できる
安心	主観的なもので、対義語は「不安」 どの程度、安心なのか不安なのかは議論が難しい

	安全な状態	危険な状態
安心な状態	根拠を持った在庫管理 過剰在庫なし 欠品もなし	根拠のない在庫管理 過剰在庫なし 欠品はある
不安な状態	根拠のない在庫管理 過剰在庫あり 欠品はなし	根拠のない在庫管理 過剰在庫あり さらに欠品もあり

図4-3 ●安全と安心
（作成：筆者）

るために安全在庫を確保するという考え方が大切なのです。

　ただし、安全在庫というと、特に在庫管理の実務経験者は一気に懐疑的になると思います。その理由は、在庫理論に基づいた発注点管理の中で設定される安全在庫は実務の世界ではあまり役に立たないからです。もちろん、業種や各企業の事業形態にもよりますが、全く役に立たないというのではなく、役に立たないことが多いので「理屈通りにはいかない」というのが大方の意見ではないでしょうか。

　本章では、安全在庫を在庫理論に基づく限定的な意味ではなく、もう少し広い概念として、「このくらいあれば、間違いがない」といえる在庫の量と考えてください（在庫理論に基づく安全在庫は第5章で言及します）。

　在庫の状態を考えると、「安全」と「安心」の2つの要素があります。この2つの要素は互いに独立した概念なので、実際の在庫の状態は、これらを組み合わせたA～Dの4つのパターンのどれかになります。

A：安全で安心できる状態の在庫
適切に安全在庫が設定されているので欠品は発生していない。安心在庫を持つ必要がないため、過剰な在庫も発生していない。

B：安全だが不安がある状態の在庫
適切に安全在庫が設定されているので欠品は発生していない。定量的な根拠、および定性的な根拠が不十分で安心在庫を持ちたくなるため、過剰な在庫が発生してしまう。

C：危険だが安心できる状態の在庫
適切な安全在庫が設定されていないので欠品が発生している。定量的な根拠はないものの、経験則など定性的な根拠が適切であるため、過剰な在庫は発生していない。

D：危険で不安がある状態の在庫

適切な安全在庫が設定されていないので欠品が発生している。定量的な根
拠、および定性的な根拠が不十分で安心在庫を持ちたくなるため、過剰な
在庫が発生してしまう。

　もちろん、現実の企業においては、この4つのパターンのどれかに完全
に当てはまるわけではなく、企業内の在庫には複数のパターンが併存して
いるものです。在庫の種類などによって、安心在庫が積み増されて過剰に
なったものもあれば、安全在庫を割り込んで過少になるものもあるなど、
双方が存在することもあるので留意してください。

　この切り分け方を見てみると、安心在庫が存在する背景には、在庫を保
有する根拠の不明確さが、さらにいえば、定量的な根拠の不明確さがあり
ます。

　これらを踏まえ、まずは客観的に「危険」な状態から「安全」な状態に
することを優先すべきです。つまり、まずは経験などに基づいた定性的な
根拠でも構わないので安全な在庫量を設定し、欠品がたちまち発生しない
状況をつくります。次いで、主観的な判断を加えて「不安」な状態から
「安心」な状態にもっていきます。これによって、欠品が発生しにくい状
況をつくります。要は、客観的に説明できる定量的な根拠を確立し、「こ
のくらいあれば、間違いない」と考えた在庫量を実現して、その上で主観
的な判断を加味して、在庫量の精度アップを図るのです。

　もちろん、その手段として在庫理論を用いることも、個別に需要動向の
データを基に最低限保有すべき在庫を計算することもあります。根拠が客
観的に示されない限り、「不安」な状態は回避できず、結果として「安心在
庫」を持ちたくなる動機が生まれるのです。

　ただし、いくら定量的な根拠を示しても、あるいは定性的な根拠を示しても、絶対値としての「適正な在庫量」が存在するわけではありません。そうした根拠を有効に機能させるためには、最後は管理者の判断（決断）が必要です。

　実務者が「〇〇の理由で、この在庫は100ケースの保有が妥当だと思います」と主張したときに、管理者が「その考えは妥当なので、それで実行してほしい」と決断できることが重要だと考えてください。もちろん、提示された理由に論理的な不備があれば指導が必要です。大切なのは、管理者が決断を下すことです。管理者が決断しないまま欠品（過少在庫）や過剰在庫が発生するリスクへの対応を実務者に押し付けるのであれば、実務者は欠品が生じない状態に舵を切るしかありません。その場合、過剰在庫は増える一方だと覚悟してください。

4.2　実務者にとって在庫があると多くのリスクを回避できる現実

4.2.1　実務者が避けなければならないリスクと在庫の関係を考える

　経営の目的は売り上げや利益を増加させること、そして企業が生み出す付加価値を高めることですが、もう1つ重要なものがあります。それは、企業を存続・発展させることです。

　「企業を存続・発展させることが経営者の役割である」といわれるように、企業は存続し続けなければ、付加価値を生み出し続けることができず、顧客や株主、従業員などのステークホルダーに貢献し続けることができません。企業には、存続・発展し続けるために、日々発生するさまざまなトラブルに対して適切に対応することが求められます。そのために、守りの視点が必要となるのです。企業の存続・発展を阻害する経営のリスク

を回避あるいは低減させることが、経営の目的の1つであるという考え方です。

　在庫を持つことによって、全てのリスクに対応できるわけではありません。しかし、経営リスクのいくつかに対しては、在庫の保有がリスクが顕在化したときの影響を減らしたり、リスクの顕在化を回避したりすることに役立ちます。

　近年、事業継続計画（BCP）の観点から、自社のサプライチェーン（供給連鎖）をできる限り詳細に把握しようとする動きがあります。さまざまなリスクを想定し、どこで影響が発生するかを具体的に把握して、万が一リスクが顕在化したときには、どのような対応策を採るべきかを考えるのです。この対応策の中には、在庫持つという手段も選択肢に入っています。

　調達先のさらに先（調達先の調達先のさらに調達先、いわゆるティア3と呼ばれる企業群）までのサプライチェーンを把握し、リスクの回避・低減策を検討することはもはや珍しいことではなく、企業として当たり前に行う活動になりつつあると言っても過言ではありません。

　前節4.1において、経営にはどのようなリスクが存在しているかを俯瞰してきました。本節4.2では、それらのリスクに対して在庫がどのように役立つのかについて、より具体的に深掘りしてみたいと思います。

4.2.2　在庫は生産に関わるリスクを軽減する

[1] 調達リスクを軽減したいから

　調達リスクとは前述の通り、調達活動において必要な原材料を適切に調達ができなくなり、その結果として自社の生産や出荷ができなくなるリスクを指します。

　調達活動は、必要なものを、必要なタイミングで、必要な数量だけを調

達することが基本です。しかし、調達先は自社だけの努力で成り立つものではありません。調達先の都合もあるため、自社の思い通りにはならないものです。

　調達リスクには、次の A～E の 5 つのケースが考えられます。

A：調達先が多忙で、自社の要求には応えられない場合

B：調達先の経営効率を優先させるために、自社の要求には応えられない
　　場合

C：調達先で品質トラブルや設備トラブルが発生してしまった場合

D：調達先が何らかのトラブルで生産を中止せざるを得なくなった場合

E：調達先の経営状態が悪化して生産を継続できなくなった場合

　調達先が多くの受注を抱えて多忙な場合、調達先の生産能力をどの顧客（自社を含む調達先にとっての顧客）に向けてどれだけ振り分けるのか、あるいは、生産順序をどうするのかは調達先の論理で考えます。その結果、いつ、何を、どれだけ生産するのかは、必ずしも発注者側である自社の希望通りにはなりません。現実の調達活動では、自社に有利なように交渉するわけですが、交渉の結果が100％自社の都合に沿うとは限りません。

　調達先の生産能力が逼迫しており、自社の要求納期や要求数量を満たせないことが想定される場合には、自社の顧客と納期について交渉して生産のタイミングを調整するか、顧客への納期を守るために、調達先への発注を前倒しするなど先行手配を実施して、自社内に一定の在庫を持つことでリスクの回避に努めます。

　同様の問題は、調達先が経営効率を優先し、その企業なりの生産の順序や生産数量を堅持したいと考える場合にも発生します。X 製品と Y 製品は

連続で生産した方が効率が良い、1t 単位で生産した方が効率が良いといった類のものです。こうした取り組みでは価格の引き下げは期待できますが、自社の欲しい納期で、欲しい数量を確保することには制限が加わります。これも結果は交渉の行方に左右されますが、自社の要求を調達先に対して強く主張できない場合は、自社の生産を維持するために、発注を前倒しするなどの先行手配を実施し、自社内に一定の在庫を持つなどの対策を採らざるを得ません。

　また、調達先で品質トラブルや設備トラブルなどが発生すると、予定外の生産停止が発生するため、当初に予定した納期では発注したものが納品されない事態や、当初に予定した納品数量がそろわない状態で納品される事態が発生します。もちろん、調達先には品質トラブルや設備トラブルの対策などを強く求めることになります。しかし、現実にリスクが存在する以上、自社の生産に影響が出ないように、一定の在庫を持つことでリスクを回避する対策を採らざるを得ません。

[2] 品質リスクを軽減したいから

　品質リスクとは前述の通り、品質問題が発生することによって、顧客や自社に金銭的な損害を及ぼすリスクや、時には身体的な損害を及ぼすようなリスクを指します。品質問題とは、顧客と取り交わした仕様から逸脱するような不良品や、顧客と取り交わした仕様には記載されておらず議論が必要な保留品が発生する問題などを意味します。

　品質リスクには、次の A～D の 4 つのケースが考えられます。

A：自社の生産活動で品質不良を発生させてしまった場合
B：原材料に起因する問題で自社の生産工程で品質不良を発生させてし

まった場合

C：自社で想定する以上の発生率で品質不良を発生させてしまった場合

D：発生した品質不良の原因を解明できない場合

　自社工場（自社の管轄にある協力工場を含む）で不良品が発生すると、修正や修理に時間を要するために、顧客への出荷が遅延する可能性があります。また、想定した数量以上に不良品が発生した場合は、顧客への出荷に必要な良品数を確保できなくなる可能性があります。さらに、顧客の工程や顧客の身体に損害を与えかねない深刻な不良品や、発生原因が分からず損害の影響が見積もれない不良品であれば、該当する製品の出荷を一時的に停止したり、顧客に出荷した製品の回収騒ぎに発展したりするなど、顧客への影響はより大きなものとなります。

　多くの場合、製造業では不良品をゼロにすることはできません。管理上、一定の不良品が発生することを前提に、顧客からの要求数量に対して少し多めの原材料を手配し、少し多めに生産します。これにより、顧客の要求数量を確実に満たすことを考えるのです。必要数以上の原材料在庫や仕掛かり品在庫、製品在庫を持つことが前提になるため、品質が悪い企業であれば、これらの余剰在庫が多くなり、品質が良い企業であればこれらの余剰在庫は少なくて済みます。

　企業は品質問題をいかに減らすかという取り組みを行う一方で、出荷を確保しなければならないため、このように少し多めの在庫を持っておくのです。

　ただし、品質問題の解決に対しては注意が必要です。一般に、ある水準以上に品質を良くするためには、多くの費用と技術的な取り組みが必要となります。そのため、品質確保に必要な費用と、品質が良くなったことで

改善される費用とのバランスを見ながら適正な品質を目指すといった考え方があります（この考え方には異論もありますが、ここでは触れません）。品質問題に取り組むか、あるいは在庫の保有で間に合わせるかは、微妙な経営判断が求められる領域でもあります。

[3] 設備トラブルを軽減したいから

　工場事故リスクとは前述の通り、工場において爆発や火災、有害物質の漏洩などの事故が発生し、工場の生産が止まることで出荷ができなくなるリスクや、自社の生産設備に大きな金銭的な損害を受けるリスク、時には自社の従業員に身体的な損害を与えてしまうようなリスクを指します。また、設備の故障やトラブルによって生産が止まり、出荷できなくなるというのもこのリスクに入ります。

　工場事故リスクには、次のA〜Dの4つのケースが考えられます。

A：爆発や火災、有害物質の流出など深刻な工場事故

B：ドカ停のように、生産が長時間停止してしまう設備トラブル

C：チョコ停のように生産が短時間停止、または頻繁に人手がかかる設備トラブル

D：消耗品の定期交換や、想定外の補修や修繕による設備停機

　工場における重大な事故、例えば、爆発や火災などの深刻な事故に対応するために、何らかの在庫を持っておく企業はほとんどありません。偶発的に発生するリスクに対応するための在庫を持つことは、費用対効果の点を含めて経済的に合理性がないからです。

　一方で、自社の生産設備でのトラブルや設備の故障などが発生すると、

生産が止まり、出荷が遅延してしまいます。設備トラブルが発生すると、不良品など品質トラブルも同時に発生することがあります。これらには偶発的に発生するものと一定頻度で発生するものとの双方がありますが、ある程度の確率で発生してしまうものです。

　いわゆる「チョコ停」や「ドカ停」と呼ばれるような設備トラブルだけではありません。設備は一定の間隔で消耗品などを交換する必要があるため、それらのタイミングでは生産設備を停止せざるを得ません。

MEMO
「チョコ停」とは、数十秒〜数分程度で設備が復旧するような "ちょこっと" した停機のことを指します。トラブルなどで長時間にわたって設備が停止する、いわゆる「ドカ停」ではなく、「搬送系にものが詰まったので、それを取り払ってすぐに設備を再稼働させる」といったトラブルのことです。このチョコ停が頻繁に発生している工場は珍しくありません。また、設備の停止までには至らず、作業者が少し手を加えるだけで正常復帰するような場合も、作業者の負荷がかかっているためにチョコ停として扱うことがあります。

　設備トラブルが発生すると、顧客への出荷が遅延する可能性があります。それを防ぐために、原材料在庫や仕掛かり品在庫、製品在庫を余剰に持つことで出荷を確実にしようとするのです。品質リスクと同様に、設備トラブルの多い企業であれば余剰在庫が多くなり、設備トラブルの少ない企業であれば余剰在庫は少なくて済みます。

　企業は、設備トラブルを減らす取り組みを行う一方で、出荷は維持しなければなりません。そのため、このように少し多めの在庫を持っておくのです。

第4章

4.2.3　在庫は経営リスクを軽減する

[1] 市場リスクを軽減したいから

　市場リスクとは前述の通り、金利や為替、株式相場の変動など、金融市場におけるさまざまな要因が変化することにより、企業が保有する資産や負債の価値が変動して損害が発生するリスクを指します。

　市場リスクには、次の A〜E の 5 つのケースが考えられます。

A：金利や為替の変動で、取引金額が大きく変動してしまう

B：株式市場や債券市場の変動で、社会経済の景気が大きく変動してしまう

C：原油価格や基幹素材の相場変動などで、関連する費用が広範囲に変動してしまう

D：ドライバー不足などで、物流費の相場が大きく変動してしまう

E：人件費などの相場が大きく変動してしまう

　まず、金利や為替の変動によって、企業は調達費用に大きな影響を受けます。調達費用が上がれば企業の利益が減少し、調達費用が下がれば企業の利益は増加します。この変動の影響は大きく、例えば為替の大きな変動により、企業の利益が全て吹き飛んでしまうことも珍しくはありません。

　海外から調達している輸入原材料では、同じものを安く買える場合もあれば、高い金額でしか買えなくなる場合もあります。そのため、市場リスクは、企業にとってはプラス面とマイナス面の双方があるリスクになります。国内で調達している原材料でも、その原材料が海外からの輸入であれば、市場リスクの影響を受けることになります。

　市場動向は常に変動するものです。そのため、例えば、これから金利や為替が自社に対して有利に働くことが想定される場合は、できる限り調達を控え、調達のタイミングをギリギリまで後にずらすことで、より有利な調達価格を実現することができます。逆に、これから金利や為替が自社に対して不利に働くことが想定される場合は、できる限り調達を前倒しし、必要最低量ではなくても、現在買えるだけのものをあらかじめ多く買っておくといった取り組みで、より有利な調達価格を実現することができます。

　また、市場リスクによって原油価格などが大きく変動し、光熱費や燃料費といったエネルギー費用や物流費用が高騰する事態も考えられます。この場合は、海外から調達している輸入原材料だけではなく、国内で調達している原材料にもその影響が波及します。

　すると、企業としては、原油の価格動向や電気代などエネルギー費用の動向を把握し、為替や金利の動向と同様に、自社にとって不利に働くことが想定される場合には、できる限り調達を前倒しにする、あるいは生産活動そのものを前倒しするといった形で、市場リスクに起因する損害をできる限り抑える取り組みが必要になります。

　このように、在庫を持つことにより、自社にとって不利な社会情勢になったときでも、できる限り自社が被る損害を小さくすることが可能になります。

　また、前節4.1でも紹介した通り、社会情勢の変化が自社にとって有利に働く場合もあります。景気が好転し、需要が拡大するようなケースです。需要の拡大時期に、いかに競合他社に先んじて出荷を確保できるかは、厳しい競争環境の中で勝敗を決める重要な要素となります。景気の拡大期に先んじて原材料在庫や仕掛かり在庫、製品在庫を持っておき、売り上げ拡大のチャンスを獲得することも考えておかなくてはなりません。

［2］信用リスクを軽減したいから

　信用リスクとは前述の通り、取引において与信の供与先がデフォルトしたり信用状態が悪化したりすることで、代金の回収ができなくなるなど金銭的な損害を被るリスクを指します。

　取引先の経営状況が悪化した場合、正常の取引ができなくなり、原材料の調達が困難になったり、納期遅延が頻発したり、品質問題が頻発したりして、自社の生産活動に大きな影響が及びます。取引先から出荷される数量が自社の希望に満たなくなるケースもあります。取引先が顧客の場合、経営状況が悪化すると、顧客での生産や販売活動が停滞することになり、自社への注文がキャンセルされたり、納品の一旦停止（納期の後ろ倒し）を要求されたりする可能性があります。

　信用リスクには、次のA〜Cの3つのケースが考えられます。

A：取引先が経営破綻する
B：取引先の経営状況が著しく悪化する
C：取引先の取引先が経営破綻し、取引先もあおりを受ける

　信用リスクはある程度予測可能なものです。ある日突然に取引先の経営状況が悪化する可能性は少ないため、定期的（例えば毎年1回、半期に1回など）に取引先の経営状況をモニタリングしておくことによって、ある程度リスクを回避することができます。例えば、取引先であれば、毎年その企業の財務諸表を取り寄せます。顧客の財務諸表を取り寄せることは難しいと思いますが、上場企業であれば公開されている財務諸表を確認したり、信用調査機関の情報を定期的に取得して経営状態を確認したりします。

　そのため、企業においては、取引先の経営状態を定期的に把握して分析

できるように教育したり、自社内で関係するスタッフに財務諸表の読み方などを教育したりすることも重要な取り組みになります。

　これらの信用リスクが顕在化するということは、取引先の経営状況が破綻、もしくはそれに近い危機的な状況になったということを意味します。そのため、必要な原材料の調達の手段を早急に考える必要があります。経営状態が悪化したことが公知状態になるときには、既に原材料の調達が困難になってしまっていることが想定されます。そのときにはもう契約書を片手に先方の代理人（弁護士）と自社向けの納品を交渉するくらいしかやりようがありません。

　従って、信用リスクが顕在化する前に、財務諸表などで経営状態があまり良くないと判断される企業に対し、原材料の発注を積み増して自社内の原材料在庫を確保したり、代替の調達手段を具体的に検討したり（代替となる発注先を探索する、あるいは代替となる設計変更案を検討する、特殊品から汎用品へと設計変更するなど）、代替の調達先からの調達を実際に実行したりするといった取り組みが必要になります。

　また、顧客での信用リスクが増大している場合（その顧客が大企業であれば事業が存続する可能性は高いかもしれませんが）、注文のキャンセルや無期限の納品延期など需要がストップしてしまい、調達した原材料在庫や仕掛かり在庫、製品在庫が不動在庫化してしまう可能性が生じます。そうした場合に備え、信用リスクの高まった顧客に対してはできる限り生産を控えめにしたり、確定受注でのみ対応したりするリスク回避策を検討する必要があります。

[3]　自然要因リスクを軽減する
　自然要因リスクとは前述の通り、自然災害などによって事業活動が継続

できなくなり、金銭的な損害や従業員の身体的な損害を被るリスクを指します。大雪や台風、地震、洪水などの自然災害のほか、新型コロナのような感染症の拡大なども自然要因リスクに入ります。

　事業活動が継続できなくなるだけでなく、道路が通行不能になったり、公共交通機関が停止したりして物流経路が止まることも起こるため、原材料が調達できなくなったり、拠点間のものの配送が不可能になったりする事態も想定されます。

　自然要因リスクにあらかじめ在庫を保有して対処することは、費用対効果の観点から合理的ではありません。ただし、代替の効かない重要部品などの場合は、例えば、一般的な自然災害で要する復旧期間（例えば1週間など）だけ生産や出荷を維持できるように在庫を持つといった取り組みを行う企業もあります。

　こうした取り組みでは、自然要因リスクが顕在化した場合、どの原材料が強く影響を受けるのか、そして、どの調達先からの物流が自然要因リスクを強く受けるのかを把握するところから始めることがポイントとなります。

　自然要因リスクには、次のA〜Dの4つのケースが考えられます。

A：特定の企業からしか調達ができない原材料がある

B：特定の地域に生産拠点が偏っている原材料がある

C：自然災害に弱い場所に立地している企業から調達している原材料がある

D：代替の物流経路が限られている原材料がある

　特定の企業からしか調達ができない原材料とは、顧客の指定があった

り、知的財産などから代替の可能性が全くなかったりするもののことです。技術的に難しい、発注経験がない、代替評価には時間がかかるといったものまで含めると、ほとんどの原材料が該当してしまいます。代替案が実現するまでの期間に長いか短いかの違いはあると思いますが、まずは努力ではどうにもならない原材料を厳選して在庫を余分に持つことが賢明といえます。

　特定地域に生産拠点が偏っている原材料とは、台風などで局地的な被害が及んだときに調達できなくなる可能性があるもののことです。特定の調達先だけではなく、その地域にある代替手段となるべき企業も含めて被害が及ぶ可能性を想定しています。

　自然災害に弱い場所に立地している企業から調達している原材料とは、（どこまでリスクを想定するかは悩ましい問題ですが）、がけ崩れの発生しやすい急斜面に立地した工場や、洪水の可能性が高い地域に立地した工場などで生産しているもののことです。これについては、例えば、行政から公表されているハザードマップの危険地帯に立地していないかどうかを把握します。

　そして、代替の物流経路が限られている原材料とは、物流経路によって調達できなくなる可能性があるもののことです。これについては、例えば、高速道路網の一部が分断されたときに迂回経路があるかないかを確認します。

　ここまで、自然要因リスクについては原材料の観点で述べてきましたが、自然要因リスクの顕在化によって自社の生産が停滞する場合もあり得ます。そのため、自社の工場が被害を受けたり、自社から顧客までの物流経路が寸断されたりすることも想定します。ただし、これらに対応するために普段から余剰の在庫を保有することは、顧客から特段の要請でもない

限りまれだと考えられます。

[4] レピュテーションリスクを軽減する

　レピュテーションリスクとは前述の通り、企業にとって否定的な評価や負の評判が世間に対して広まり、企業の信用やブランド価値が悪化して、売り上げが大きく減少したり取引先が離反したりして、結果的に損害を被るリスクを指します。

　このレピュテーションリスクも、自然要因リスクと同様に、あらかじめ在庫を保有することで対処することは、費用対効果の観点から合理的ではありません。従って、レピュテーションリスクが顕在化した場合に、どの原材料が強く影響を受けるのか、そして、どの調達先がレピュテーションリスクを強く受けるのかを把握するところから始めることがポイントとなります。

　レピュテーションリスクには、次のA～Dの4つのケースが考えられます。

A：品質不正や会計不正などコンプライアンス（法令順守）問題が報じられた取引先

B：経営者の不穏な交代などをメディアで報じられた取引先

C：市場において大きな品質問題やリコールなどを発生させた取引先

D：SNSなどで内情を激しく暴露されている取引先

　これらに概要する取引先が発生した場合、直ちに調達問題が発生するとは限りませんが、経営が傾いたり、生産活動が停止したりすることが想定されます。取引先の実情を現場確認などで押さえながら、調達に支障が発

生していない段階であっても必要があれば発注を増やし、早めに原材料在庫を積み増すといった対策を考えなくてはなりません。

4.3　在庫を持つことでリスクをどう回避・低減するのか

4.3.1　その在庫はリスクの回避・低減に寄与したのか

　第3章では、企業が持つと判断した在庫が付加価値向上に寄与できたのか、売り上げの増加や利益の増加に貢献できたのかを評価することの大切さを述べました。在庫がその目的を果たしたのか否かを後で必ず評価し、持つことが妥当だったと評価できればよし、持つことが妥当でなかったと評価するのであれば、在庫を持つと判断した過程を振り返って、どこに問題があったのかを考える必要があると解説しました。

　同様に、企業が持つと判断した在庫が、企業のリスク回避・低減に寄与したのか否か、すなわち、在庫が目的を果たしたのか否かを評価することも必要です。品質リスクや調達リスク、工場事故リスクといった技術・製品要因リスクなどを想定し、もしもそのリスクが顕在化しても、その在庫を持っていたおかげで生産や出荷に影響が出なければ、その在庫は目的を果たしたといえるでしょう。一方で、その在庫を持っていたとしても、結局のところ、リスクが顕在化したときに生産や出荷に影響が出てしまえば、その在庫は目的を果たしたとはいえません。

　しかし、リスク回避・低減に寄与したのか否か、すなわち、在庫が目的を果たしたのか否かを後で評価をすることは難しい場合があります。それは、結果を見て評価できるものと評価しにくいものがあるからです。

　例えば、付加価値向上に寄与したか否かは評価しやすいものです。「売れることを想定して、在庫を持っておく」というのは、結果を見て評価で

きます。売り上げが実現できればよし、売り上げが実現しなければ駄目といった具合です。

　リスクの回避・低減に寄与したか否かを評価しやすい事例は、「設備が故障しそうなので、設備が動いているうちに生産を積み増して在庫を増やしておく（設備が故障したときに出荷への影響を防ぐことができる）」といったものです。これは結果を見て評価できます。想定通りに設備故障が発生したときに、出荷への影響を防ぐことができればよしということです。

　これに対し、リスクの回避・低減に寄与したか否かを評価しにくい事例は、「地震が起こるかもしれないので、念のために在庫を持っておく」といったものです。地震が起きれば在庫を持っていてよかったと評価できますが、地震が起きなければ在庫を持っていたことが良かったか否かを評価できません（図4-4）。

　これら2つの事例の違いは、リスクをある程度の確率で予測できるか否かになります。「設備が故障しそうだ」というのは技術的に予測されたものであり、そのリスクが顕在化する確率が高いものです。予測通り、リス

企業が「意図を持って保有する」と決断した在庫は、必ずその決断が正しかったのか否かについて後日、評価することが必要

攻めの在庫　「受注を獲得するために在庫を持つ」の是非は？
　　　　　　…結果は、受注を得たか否かで評価ができる

守りの在庫　「トラブルがあったときのために在庫を持つ」の是非は？
　　　　　　…結果は、トラブルが発生しない限り評価ができない

図4-4 ●攻めの在庫と守りの在庫の評価
（作成：筆者）

クが顕在化（設備が故障）したときには、それに対応した在庫を持ってお
く是非を評価できます。

　一方で、「地震が起きるかもしれない」というのは、そのリスクが顕在
化する確率が全く分かりません。「今月、地震の起きる可能性は80％」と
いった確かな予測はできないからです。そもそもこうしたリスクは顕在化
する確率が低いことが一般的であり、それに対応した在庫を持っておくこ
との是非を判断するのは難しいのです。

　これは「保険」の是非を議論するのと同じです。例えば、掛け捨ての医
療保険を考えてみます。病気になったときには医療保険に加入してよかっ
たとなりますが、病気にならなければ、医療保険に加入していたことがよ
かったのか否かを評価することはできません。万が一のときには役に立つ
かもしれませんが、それがいつ起きるかは分かりません。従って、どのよ
うな事前準備をしておくのが妥当なのかは、定量的な判断が難しいのです。

> **MEMO**　保険の場合は、高度な数学的な計算を基に掛け金や保険料などが算定されてお
> り、契約者個人の議論ではなく、大勢の人たちが加入している保険全体を統計的
> な視点で考えます。これにより、リスクの回避・低減にどれくらい役に立ってい
> るのかを定量評価しています。

第4章

4.3.2　リスクの性格には2種類ある

　リスクを考える場合、その性格を踏まえて2つに分類する方法がありま
す。1つは、純粋リスクと呼ばれるもので、損失のみを発生させるリスク
のことです。本章4.1で解説した自然災害や事故などが発生するリスクの
ように、マイナスの影響のみを発生させる可能性のあるリスクがおおむね
この純粋リスクに相当します。

　もう1つは、投機的リスクと呼ばれるものです。これは、損失を発生させるときと、利益を発生させるときの双方の可能性をもったリスクで、ビジネスリスクとも呼ばれます。本章4.1で解説した為替や金利の変動や、新製品の開発などによる事業環境の変化など、プラスとマイナスの双方の影響を受ける可能性のあるリスク、あるいはマイナスの影響と同時に全く別のプラスの影響を受ける可能性のあるリスクがこれに相当します。

　これら2つのリスクは大きく性格が異なっています。純粋リスクは、その性格上、発生の可能性を予測することが困難なものです。例えば、台風による水害を考えると、台風が来て、なおかつ水害が発生し、そしてさらに自社の工場が大きな影響を受ける（あるいは、取引先の工場が被害を受ける）という可能性は、ゼロではありませんが、どの程度の確率で発生するかを予測することは極めて難しいといえます。

　一方、投機的リスクは、発生の可能性をある程度であれば定量的に予測することが可能です。例えば、相場や金利の変動などは、長期的な予測はさまざまな要素がからんで正確な予測が難しいものの、例えば、近い将来の金利の上げ下げなど短期的な予測であればある程度の精度で予測することが可能です。

　原油価格や金属素材などの相場変動も同様です。例えば、「原料価格が今後高騰する」といったことは、ある程度の確率で予測することができます。その予測に基づき、原料価格の安いうちに年間受注見込み量の範囲内で可能な限り多くの量を購入しておくといったことが可能になります。ある程度予見できる投機的リスクは事前に対応しやすいという性格を持つのです（図4-5）。

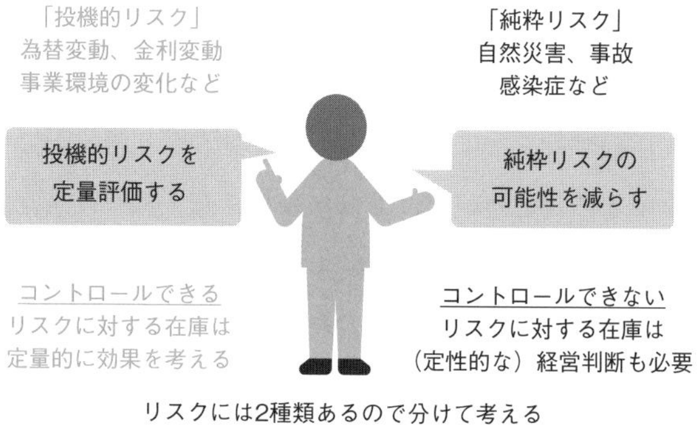

図4-5 ●純粋リスクと投機的リスク
（作成：筆者）

4.3.3　リスクの性格によって対応を変える

　純粋リスクは発生の可能性が予見できないだけではなく、そのリスクに対応するために何らかの在庫を持ったとしても、そのリスクが顕在化しなければ、在庫の保有が適切だったと判断できません。例えば、「地震で1週間程度の操業停止が発生したときのために、1週間分の製品在庫を持っておく」といった取り組みに対し、地震が発生しなかった場合には、その是非を議論できないからです。

　純粋リスクは結果の評価もできません。そのため、それらに対して在庫を持つか否かの判断は、ある程度、定性的な判断に基づいて経営側（経営者や管理者）が判断する必要があります。

　発生するかどうかも分からない問題に対し、そのリスクに対応した取り組みを行うという判断は、実務者からすれば無理な話です。管理者が「何とか考えろ」と実務者に判断を押し付けることは避けるべきです。在庫の観点でいえば、実務者が出せるのは「それなら、在庫を多めに持つ」という回答しかありません。在庫を増やしてもそれほど怒られませんが、逆に

在庫が足りなくなればものすごく怒られるというのが実務者の立場だからです。すると、本章4.1で解説した「安心在庫」が無秩序に積み上がり、経営を無駄に圧迫することになることは火を見るより明らかです。

　ただし、全く手に負えないわけではありません。純粋リスクでも、ある程度の事前対策は可能です。例えば、水害が多発している地域に立地している企業から調達をしている場合、台風シーズンになれば、復旧に想定される数日分をまかなえるように、少し調達量を増やして、自社内に原材料在庫として少し積み増しておく、といったことが考えられます。また、道路が分断した際に、代替となる物流経路を確認しておくことや、万が一のために、代替となる調達先を探索しておき、可能であれば実際に品質評価や設計評価などの事前評価を行っておくことなども、事前対策として挙げられるでしょう。

　あるいは、経営が少し悪化している取引先があった場合、実際にその企業が倒産に至るか持ちこたえるかは、外部からでは予見ができないものです。しかし、そのような懸念がある企業に対して、経営判断として、発注量を少し減らす、競合他社からの購入を少し増やす、といったような対策を講じることで、万が一、リスクが顕在化した場合の存在を低減しておくといった取り組みも可能です。

　一方で、投機的リスクの場合、そのリスクが顕在化するかどうかはある程度は予測できるため、結果として、そのリスクに対応するための在庫の保有は適切だったのか否かを判断することができます。このため、在庫がリスクの回避・低減に寄与したか否かは、主に投機的リスクに対して行うものになります。

　例えば、「原油価格の高騰が予測されるので、関連する原材料の在庫を、価格が上がらないうちに、通常よりも多く手配しておく」といった取り組

みに対して、実際に原油価格が上がれば、在庫を多く持ったことは適切だったと判断できます。一方、実際には原油価格が上がらなかった場合は、在庫を多く持ったことは適切ではなかったと判断できます。さらに、「なぜ、原油価格が上がると想定したのか」「今後の価格動向の予測はどう改善すべきか」と、当時の判断の是非を議論することもできます。

　純粋リスクの場合は、地震が発生するかもしれないと想定して在庫を持ったとして、仮に、地震が起きなかったからといって、「なぜあの時、地震が起きると想定したのか？」などという議論にはなりません。そもそも、リスクの想定事態が不確定の要素が大きく、明確な根拠に基づくものではないからです。

4.3.4　リスクに対応する在庫は戦略的に持つ

　在庫は、経営視点から戦略的に持つ必要があります。第2章2.1でも解説した通り、攻めの視点で持つ在庫は、経営戦略に大きく依存します。「在庫をしっかりと持って売り上げの最大化を狙う」という戦略を採っている企業では、販売部門が持つべき強力な武器としての在庫が優先されます。そのため、在庫の量の多寡を議論するよりも、そろえるべき在庫をどれだけ確保するかが議論の中心となります。

　一方、「在庫ミニマムで、ROA（総資産利益率）の最大化を狙った経営を行う」という戦略を採っている企業では、資産効率を重視するために、いかに在庫をミニマム化するかが議論の中心となります（図4-6）。

　このように、在庫の在り方をどう考えるかは、その企業の戦略によって大きく異なります。確かに、経営の基本は在庫が少ない方がよいのですが、在庫を少し増やす（経営は少し悪化する）ことで、それ以上に大きなメリットである売り上げや利益の増加が得られる（経営は大きく良化す

総資産利益率（ROA）
投下した総資本に対し、どれくらい営業利益を稼ぎ出せたのかを見る指標。単に利益率を見るのではなく、より効率的な経営（少ない投下資本）で利益が生み出されているかどうかを示すもの

$$\text{総資産利益率（ROA）} = \frac{\text{営業利益}}{\text{総資本（総資産）}}$$

$$\text{総資産利益率（ROA）} = \frac{\text{営業利益}}{\text{売上高}} \times \frac{\text{売上高}}{\text{総資本（総資産）}}$$

売上高営業利益率　　　総資産回転率

・ROAの向上には、収益性の指標である利益率の向上と、効率性の指標である総資産回転率の向上のどちらも行わなければならない
・ROAの計算に売上高経常利益率を用いる場合もあるが、その場合は営業外利益など本来の資本効率とは違った要因が入り込むことに注意が必要

図4-6 ●ROAの計算式
（作成：筆者）

る）場合は、総合的に見ると企業の経営が良化することもあります。第3章では、本当に経営の良化に寄与したのか否かを、後で冷静に評価する必要があることを解説しました。

MEMO
　　ROA（総資産利益率、あるいは総資本利益率）は、近年、多くの企業で経営管理に用いられている重要な経営指標です。投下した総資本（その資本を活用して得た資産）に対し、どれくらいの営業利益を稼ぎ出せたかを見る指標になります。単に損益計算書に示される営業利益率を見るのではなく、より効率的な経営（少ない投下資本＝使用した資産）で利益が生み出されているかどうかを示すものになります。ROAが重視される背景には、少ない投資で大きな利益を上げることができる企業がより評価されるところにあります。在庫が多い企業は、その分だけ資本を多く必要とするため、効率の悪い経営をしていると評価されることがあります。

　守りの視点を持つ在庫、すなわちリスクを回避・低減するための在庫もまた、経営戦略に大きく依存します。「同業他社の中で最もレジリエンス（Resilience；回復力や復元力）の高い企業になる」という戦略を採ってい

る企業では、変動に対していかに柔軟に自社工程を動けるようにするかを追求すると同時に、在庫の面では、想定されるリスクに対応できる分の在庫を持っておくといった判断を下すこともあります。

　一方、「徹底した標準化戦略で所定の取引条件を堅持し、標準化された仕様や業務プロセスで最も低価格な製品を提供する」という戦略を採っている企業では、変動要因はあえて徹底的に排除し、定常状態におけるコストミニマムを追求するという取り組みを考えることができます。在庫の面では、徹底して標準在庫量を維持するといった判断が下されることもあります。

[1]　純粋リスクに対する取り組み

　純粋リスクは、発生の可能性を定量的に予測することは困難です。もちろん、定性的な予測、例えば「地震が起こる可能性がある」というのは事実ですが、その確率は学術的にも分かっていません。従って、「地震でX社の工場が被災して調達が不可能になる可能性」はゼロではありませんが、対策を採るべきか否かを判断するために、どの程度の確率なのかと問われても答えることは困難です。

　そのため、純粋リスクに対応するために在庫を保有するという考え方は、いわば保険に加入するか否かと同様の議論になります。定性的に発生の可能性が高いと評価された場合は、リスク対応の在庫を積極的に保有することを考えます。一方で、発生の可能性が低いと評価された場合は、リスク対応の在庫を極力保有しないと考えるということです。

　純粋リスクはリスクが顕在化しない限り、その是非を評価できないという悩みどころがあります。例えば、「地震が起こらなかったので、地震を予見して保有した在庫はムダだったのか」といった議論はあまり意味を持

ちません。そのため、純粋リスクに対応するための在庫の保有について
は、数学的な手法を用いた定量的な評価は不可能ではありませんが、一般
には定性的な経営判断に委ねます。

　そのため、純粋リスクに対応するための在庫は、現場や調達部門などが
実務の一環で考えるのではなく、経営戦略に基づいた調達戦略の一環とし
て、経営者や管理者が判断すべきものだと考えてください。

　純粋リスクの判断のステップには、以下の3つがあります。

ステップ1：どのような純粋リスクが存在しているのか
ステップ2：それぞれの純粋リスクはどの程度起こり得るのか
ステップ3：その純粋リスクが顕在化した際に復旧にどの程度かかるのか

　BCPの考えに準じて、自社、もしくは自社の取引先が直面する可能性の
ある純粋リスクにはどのようなものがあるのかを洗い出すことがステップ
1になります。ここでは、漠然とした風水害といったものではなく、例え
ば、河川の氾濫による浸水や高潮による浸水、強風による設備の倒壊、地
震による工場設備の損壊、道路鉄道網の分断といったより具体的なイメー
ジで考えます。

　まず、「このような事態は全く想定していなかった」といったことを防
ぐために、起こる可能性はゼロではないものの、差し迫って発生する可能
性が極めて高いとはいえない純粋リスクなども含めて考えられるものをリ
ストアップすることが重要です。例えば、地震などがこれに相当します。

　洗い出した純粋リスクに対し、どの程度起こり得るのか顕在化する可能
性を評価することがステップ2になります。もとより定量的に判断するこ
とが難しい領域です。従って、「発生の可能性は極めて低い：レベル1」

「発生の可能性は低いが、現実に発生した事例もある：レベル 2」「発生の可能性がそれなりにある：レベル 3」「発生の可能性がそれなりに高い：レベル 4」といった形で、定性的なリスク評価を点数化すると便利です。

　こうすれば、レベルによって対応方針を策定することができます。例えば、レベル 4 に対してはリスクが顕在化したときのために、常に一定のリスク対応在庫を持っておく。レベル 3 に対しては、状況を定期的に把握しながら、台風が接近したときのようにリスクの顕在化がより高まるタイミングで、少し在庫を多めに持っておく。発生する可能性が極めて低いレベル 1 に対しては、万が一起こったときの行動指針のみを策定し、現実に在庫を積み増すことは行わないといった具合です。

　そして、在庫を確保しておくことを判断した場合、どの程度の在庫量を持つかを考えるのがステップ 3 になります。不安だからと闇雲に在庫を持つわけにはいきません。従って、そうしたリスクが顕在化したときに、最低限、どの程度の日数分の在庫を確保しておけば、復旧するまで対応できるのかという観点で考えます。例えば、冬期に豪雪地帯にある取引先から物流が止まることを想定する場合、「過去の事例で 3 日あれば、ある程度まで物流は復旧する」というのであれば、3 日分だけ調達を先行させて原材料在庫を積み増すといった具合です。

　ただし、ここで 1 つ注意すべき点があります。リスク対応在庫を持つと考えた場合、それらの判断基準を定期的に見直す必要があることです。そうでなければ、いわば「毎月掛け金を払っていながら、これまで 1 度も使ったことがない掛け捨て保険」と同じことになります。リスク対応在庫は「万が一の場合に困るので、ないと不安なもの」ですが、無条件に持つべきものではありません。

　仕事で自動車に乗ることが多いときには、それに対応した保険に加入

し、仕事が変わって自動車に乗ることがなくなれば、保険の内容を見直すのと同じです。リスク対応で保有している在庫も、ステップ2やステップ3の内容を定期的に見直すことが重要だと考えてください。

［2］投機的リスクに対する取り組み

　投機的リスクは、発生の可能性をある程度は定量的に予測できます。従って、純粋リスクとは異なり、リスク対応在庫を持つべきか否か、持つのであればどの程度の量を持つべきかについて、現実のレベルで定量的かつ論理的に議論することができます。

　例えば、「原油先物価格が上昇しているので、原材料の○○の価格が数カ月後に上昇する可能性が高い」といった具合に、現実的な議論ができるレベルで発生の可能性を考えることができます。もっと俗な事例では、「顧客の調達部長からの非公式な情報で、半年後には需要が○％増加する見込みと聞いた」という情報をキャッチすれば、将来の発注量が増える見込みがあると判断できます。そのため、例えば原材料の価格が高騰傾向にある場合は、今のうちに調達しておこうといった判断ができます。加えて、この事例の場合、自社の生産能力が不足すると見込まれる場合には、今のうちに先行生産を行って製品在庫を積み増そうといった判断もできます。

　ここまでの取り組みは、実務者レベルでもある程度は実行可能です。管理者が行わなければならないのは、在庫を増やすべきだと実務者が申告してきたときに、是か非かの決断を下すことです。加えて、予測した投機的リスクが顕在化したのか否か、そして、持つと判断した在庫がそのリスクの顕在化に対して役に立ったのか否かを、後で評価することが管理者には求められます。

　例えば、「想定よりも原材料価格の上昇が少なかった」「顧客の調達部長のフォーキャスト（予測）は全く外れて、増産には至らなかった」といった結果であれば、当時の判断のどこに問題があったのかや、今後の取り組みにどう反映させるかを考えることが、前向きな取り組みのためには必要です。例えば、「原材料の価格上昇が見込まれても、今、安いタイミングだからと一気に買い進めることはせず、2段階、3段階と段階を追って買い進める」といった方策や、「顧客の調達部長から情報をもらった場合、少なくとも設計部長や製造部長など他の幹部からもヒアリングをするなど、2つ以上の情報源を確保する」といった方策を考えることが、管理者に求められる投機的リスクへの対策となります。

4.3.5　在庫を増やした責任者を明確にすること

　在庫でしばしば問題になるのは、在庫数量を増やす部門と、在庫数量に責任を持つ部門とが異なることです。

　例えば、営業部門の策定した受注見通しに従い、製造部門が生産を行う工場を想定するとします。顧客の情報から今後の増産が見込まれるため、営業部門からは「それに必ず対応するために社内で先行生産をせよ」といった具合に生産指示が下されます。この場合、「生産せよ（つまり社内の在庫を増やせ）」と社内に要求する役割を担うのは営業部門です。従って、在庫数量を増やす部門は営業部門ということになります。

　一方で生産指示に従い、できる限り必要最小限の材料在庫を調達し、できる限りスムーズな工程運用を行って必要最小限の製品在庫に抑える役割を担うのは、製造部門になります。従って、在庫数量に責任を持つ部門は製造部門ということになります。

　営業部門が生産した製品を全量引き取り、在庫が営業部門の資産になれ

ば、その時点で在庫数量に責任を持つ部門は営業部門に移ります。すると、見込み違いなどによる在庫の余りなどが発生しても、全ての責任は営業部門が負うことになります。すると、営業部門の内部では売り残しが極力少なくなるように、自ら受注見通しの精度アップに全力を尽くすことになります。

　ところが、そうではない場合も存在します。在庫は製造部門の資産となっており、指示通りに生産しただけなのに、在庫が増えると製造部門が経営から叱責されるといった、おかしな状況になっている企業が珍しくありません。このケースでは、営業部門の見込み違いなどによる在庫の余りなどが発生しても、営業部門は「痛くもかゆくもない」ということが起こり得るのです。たとえ、製造部門の工場や物流部門の倉庫にある在庫が増えることで余計な作業が増え、作業工数や管理工数にも影響が出たとしてもです。

　つまり、「在庫を増やしたい人」と「在庫が増えると困る人」が別である場合はこうした状況になり、適切な在庫を保有するという健全な企業の姿から乖離してしまうのです。組織の役割をいきなり変えるのは難しいと思いますが、少なくとも管理者は、次の2点に留意すべきです。

　1つは、在庫保有の妥当性を定期的に見直すことです。在庫を増やす部門（例えば営業部門）の指示に従って生産したものが、適切にその役割を果たしたのか否かを評価することです。ここで差異があった場合、「誰の指示（情報）が不適切だったのか」、さらに「なぜその差異が生じたのか」を議論することになります。本来は公式にそうした議論を行うことが望ましいのですが、現実には組織間で大きな抵抗が生じる可能性が高い悩ましい問題です。まずは地道に事実の把握を積み上げることを考えるとよいでしょう。

　もう1つは、在庫を保有する場合のコストを、目安でもよいので持っておくことです。例えば、現場での追加工数や光熱費、荷役費、倉庫費、管理費などについて、単位面積当たりやパレット1枚当たり毎月いくらかかるかといった定量値を持っておくのです。

　在庫は持つだけでコストがかかり、保有する期間が長くなるほどそのコストは積算されます。そのため、在庫として保有する期間に比例して事実上の利益は目減りすると考えて、それらのコストを把握することで、在庫を保有する妥当性と対比することができるようになるのです。

5

知っておくべき在庫の基本

第5章 知っておくべき在庫の基本

5.1 在庫の理論は武器になる

　本書は在庫のあるべき姿を考えなければならない管理者を主な読者と想定して執筆しています。自社の在庫はどうあるべきかを考えなければならない管理者や、自社における在庫の是非を考えなければならない人に向けたものです。在庫管理の実務を担う人に向けた実務指南書ではありませんが、在庫管理について基本的に知っておくべき考え方についてのエッセンスも解説しています。

　在庫管理の実務に深く関わっていて基本的な在庫管理の手法などを既に十分理解している場合は、本章は復習のつもりで読んでください。しかし、在庫管理を実務者として担当したことはないものの、生産管理や製造部門の管理をしなければならない人や、実務者を指揮・監督しなければならない人、自社のサプライチェーンの在り方や在庫の在り方を考えなければならない人には、本章は大変重要な内容となります。ぜひ、本章で身に付けた知識を武器として活用してください。

5.1.1　職人芸かシステム化か両極に分かれる在庫管理の実態

　在庫管理の実務にはとても高いスキルが要求されます。顧客からの販売情報や自社工程の生産の動向、それらにひも付く原材料の調達など、サプライチェーンの下流（顧客）から上流（原材料メーカーなどの調達先）までの全てを見渡しながら、調達・生産・販売の流れをいかにスムーズに進めていくかを考えなければならないからです。

　数多くの顧客や、複雑な生産工程、関連する外注企業、そして膨大な原

材料の調達先など、目を配らなければならないことは山ほどあります。

　企業において、この在庫管理の実務は大きく2つのパターンに分かれます。1つは、特定の個人が在庫管理の実務を担うパターンです。複雑なサプライチェーンの細部までを知り尽くした経験豊富で優秀なベテラン社員がこれに相当します。

　「Aという問題が発生したときには、調達先B社とC社に声を掛けるとよい」といった過去の経験を基にしたノウハウをたくさん持っており、その人物が実務の采配を振ることで、大抵のトラブルに対応できます。そのため、つつがなく生産・出荷を継続することができます。

　もう1つは、複数の担当者で在庫管理の実務を担うパターンです。複雑になったサプライチェーンを特定の個人で管理することが難しいため、業務を細分化して、複数の担当者がそれぞれの部分の実務を遂行することで、在庫管理全体を動かしていくパターンです。例えば、「調達部門のA氏は10社の調達先を担当する。指示された手順・ルーティンで調達先と納期・数量を交渉し、伝票処理を行う」といった個別業務の集合体として、複雑な在庫管理全体を動かすものです。

　なお、複数の担当者で在庫管理の実務を担う場合、BOM（Bill of Materials；部品表）にひも付いた多種多様な原材料を効率良く調達し、それらをスムーズに生産工程に供給して製品に組み上げていくプロセスは、ITシステムの最も得意な領域と合致します。大きなトラブルが何もない定常状態においては、膨大なデータを一定の規則に従って処理しながらプロセスを進めていくことができるためです。実際、多くの企業で在庫管理におけるITシステムの活用が進んでいます（図5-1）。

第5章

（中身はよく分からないが）
ITシステムを活用

全てを知り尽くした
ベテラン担当者個人の力量

問題点
実務をこなす分には問題ないが
在庫管理ノウハウの希薄化

問題点
個人の職人芸に依存
在庫管理ノウハウの偏在化

いずれにせよ、自社の「在庫の在り方」が、
経営戦略を実現するための競争力の源泉という視点が欠けており、
単なる在庫管理の実務に矮小化していることが最大の問題

図 5-1 ●在庫管理の実態
職人芸→ノウハウの偏在、システム化→ノウハウの希薄化。（作成：筆者）

> **MEMO**　BOM とは、狭義では製造業で用いられる部品表のことです。しかし近年では、調達から設計、生産、販売に至る一連の情報を統合した仕様の体系としての意味が広まりつつあります。販売情報や生産情報、そして設計情報まで、全ての情報（データ）を統合した形にすることもできるため、IT システム上での管理と親和性があります。

　このように、企業における在庫管理の実務は、現場の実情をよく知るスキルの高い人物が職人芸のように行っていくか、それとも徐々に IT システムの活用に置き換わっていくかといった両極端に分かれる傾向があります。

　これに対し、第 1 章で述べた通り、「我が社の在庫はどうあるべきか」という議論は、それぞれの企業の経営戦略や調達・生産・販売などの各部門方針などに大きく関わる問題です。経営戦略に貢献できる在庫の在り方を考え、それに沿った在庫管理の運用を連動させていくことが企業の競争優位を生み出すことになります。

　現場を熟知した個人のスキルに依存した在庫管理は、その特定の個人が企業内部にいる限りは一定の業務品質を保つことができるでしょう。しかし、いつまでも続く状態とはいえません。少なくとも技能伝承と同じように、特定の個人のスキル（暗黙知）で在庫管理を行うのではなく、組織のスキル（形式知）で在庫管理を運用できるようにしておく必要があります。そのためには、その組織の管理者が在庫管理の基本的な概念を知っておくことが必須です。実情を深く知っている在庫管理の担当者と、実情をあまり知らない管理者との間で、在庫管理をどうすべきかといった議論がかみ合うはずがないからです。

5.1.2　在庫管理とITシステムの活用

　「在庫を再考する」というと、管理者（あるいは経営者）から「在庫管理などは、今後 IT システムに置き換わる仕事であり、既に多くの在庫管理ツールが存在している。時代に逆行してわざわざ経営者や管理者が在庫について考え直す必要はない」などといった発言が聞こえてくることがあります。

　確かに、在庫管理の実務に関しては既に多くの在庫管理システムが稼働しています。実務者の仕事が完全に置き換わっているわけではありませんが、かなりの労力をシステムが代行していることは事実です。近い将来を考えても、在庫管理の実務はシステムの高度化によって、より多くの業務がコンピューター処理へと置き換わっていくという考えは正しい見立てだと思います。

　IT システムを活用し、在庫管理を任せていこうと考える企業も少なくないことでしょう。それはそれで時代の流れと捉えて構わないと思います。しかし、IT システムに任せきりではいけません。そのシステムがどの

ようなロジックで在庫を管理しているかを把握することはもちろん、その
システムで強みを発揮できる場面と発揮できない場面（そのシステムを活
用するに当たり注意しなければならない場面）とを切り分けて考えるため
の知識を持つ必要があります。そうした知識は、企業が強い組織力を持つ
ために不可欠なものだからです。

　ITシステムの議論において、筆者は「鬼に金棒」という例えを好んで使
います。その真意は、「強い鬼が強力な武器である金棒を持つと、さらに
力を増す」ということです。これはつまり、重い金棒を振り回すだけの強
い力を持たない者にとっては、金棒は強力な武器とはなり得ないという意
味です。

　ここで「強い鬼」とは、在庫に対する経営的な考え方がしっかりしてお
り、かつ在庫管理の実務能力を備えた力のある企業を指します。在庫管理
の基本的な知識と能力を持たない企業がいくら優秀なITシステムを活用
しても、そのシステムの持つメリットを十分に享受することはできません。

　実は、在庫管理の実務においてITシステムは日々発生するトラブルに
対して必ずしも万能ではありません。従って、これからの在庫管理には、
ITシステムと強い組織能力のハイブリッドが大切になります。日常の実
務はITシステムを活用して効率良く在庫管理を行い、ITシステムが対応
可能なトラブルも同様にITシステムを活用して効率良く対応する。しか
し、ITシステムの機能では対応できないトラブルに対しては、組織で保
有している在庫管理のスキルを活用しながら対処していくという方法です。

　こうした背景から、現場を熟知した個人のスキルに在庫管理を委ねるこ
とが企業にとって大きなリスクになることはもちろんですが、ITシステ
ムに安直に実務を任せてしまうことも、企業の競争優位を持続的に生み出
すことにはつながりません。

　従って、在庫管理を指揮監督する立場の管理者や、自社のサプライチェーンの在り方や在庫の在り方を考えなければならない立場の人は、自社の基本的な在庫管理のロジックや考え方などを理解しておくことが重要となります。

　「職人芸」か「システム化」かといった極端な議論ではなく、組織としてしっかりと在庫管理を実施していくために、基本的な在庫管理の知識を組織の多くの人間が持つことが大切です。もちろん、在庫管理の実務者ではない人が、細かな在庫管理の手法や注意点の全てを理解する必要はありません。しかし、強い企業になるためには、「在庫はこういうふうに管理するのだな」「在庫というのはこういう具合に考えればよいのだな」といった基礎的なレベルのことは、できる限り多くの人が理解しておかなければなりません。

5.1.3　経営戦略、そして在庫のあるべき姿を考えるのは「人」

　企業の競争力をより高めるために管理者が考えなければならないのは、「我が社では在庫をどのように位置づけるのか」という戦略であり、在庫管理の手法という戦術ではありません。どのような販売方針を採り、どのような生産方式や生産体制を採用して、どのような調達方針を選択するかという企業の戦略や、サプライチェーンの考え方は企業によってさまざまです。それらにより、最適な在庫の考え方は変わるからです。

　また、在庫をどのように考えるかによって、企業が立案する戦略の実現可能性が大きく変わることも事実です。企業は、自社における在庫に対する考え方や、在庫が抱える現実の問題を冷静に認識した上で、自社の経営戦略や経営方針と照らし合わせるプロセスが必要です。これらの取り組みはITシステムの導入で代替が効くものではありません。

　優秀な在庫管理システムも、基本的には決められた手順（プロシージャー）と決められた判断基準に基づいて処理を行っているにすぎません。ある種の判断を機械が学習しつつ、より良い最適解を見つけるといった、いわゆる機械学習や人工知能（AI）が在庫管理の分野に展開されていることは事実です。しかし、その最新の在庫管理システムにどのようなデータを与えるのかや、経営戦略に応じた判断基準をどのように設定するのかについては人が考える必要があります。

　企業のサプライチェーンを最大限に有効活用できるような在庫の考え方を決め、現実に発生するさまざまな「在庫が欲しくなる要因」を踏まえて、「自社にとって最適な在庫量」を考えることは、企業の中で「人」が担う重要な役割なのです。

5.1.4　在庫理論は本当に役に立たないのか

　在庫管理の実務において在庫の多寡をどのように管理すればよいかというのは、常に実務者を悩ませる問題です。受注形態や生産方式によって問題点はさまざまです。よく現場で耳にするのは、発注点管理や安全在庫の考え方といった在庫理論は「あくまでも机上の理論であり、実際には使えない」という言葉です。

　確かに、在庫理論は合理的で優れた考え方ですが、それをそのまま実際の在庫管理に適用しても、スムーズな生産活動ができるとは限りません。在庫理論では、安全在庫の考え方がベースになっています。一定量の在庫を保有しながら、その在庫を生産や販売という形で消費します。そして、ある一定量の在庫を下回ると、新たに原材料を調達、あるいは新たに生産して、再び一定量の在庫を確保するという考え方です。

　この在庫理論の問題点は2つあります。在庫基準をどのように設定する

か、そして、どこまでのリスクを許容するかというものです。前者であれば安全在庫の水準を10袋にするか50袋にするかといったことになり、後者であれば急な増産要請や突発的な需要に対してどこまで対応するかといったことになります。これらは、経営的に重要な判断を伴うものなので、実務者にその決断を任せることは厳しいと考えるべきです。

　これらは、最終的には経営的な視点から、管理者が「在庫を持つ目的を果たせるか否か」という基準を当てはめて、どの程度の在庫を保有すれば「調達・生産・販売の実務がうまくまわるか」「適切なレベルでリスクへの対応ができるか」といったことを考え、最終的には「その在庫は、経営に貢献できるのか否か」で決断を下さなくてはなりません。

［1］在庫理論がうまくいかない現実

　在庫理論を基に安全在庫を設定して在庫管理をしている企業では、さまざまな問題が発生します。保有する在庫を少なくしようとして安全在庫の基準を厳しく設定すると（つまり、保有する在庫量をギリギリまで絞ると）、頻繁に欠品したり欠品しそうになったりして、それらの対応で調達部門や生産部門、さらには営業部門が奔走することになります。

　一方、さまざまなトラブルを回避するために安全在庫の基準を緩く設定すると（つまり、保有する在庫量をなるべく増やすと）、欠品を起こす危険性はある程度避けられますが、その代わりに倉庫や現場は大量の在庫であふれる可能性があります。その結果、倉庫作業や生産活動、管理業務などが煩雑化し、それらが不動在庫化して廃棄に至ることもあります。しかも後者の場合、在庫の量をよほど増やさない限り過剰な在庫になるものがある一方で、欠品も発生するといった困った事態が起こる可能性が高まります。

　そう考えると、解決策は、在庫理論を重視せずに経験を積んだ優秀な担当者に任せることです。経験に基づき、現場の様子や調達先との密な会話を通して在庫の手配を調整するのです。あるいは、便利な在庫管理システムを導入することも有効です。在庫が多過ぎる／少な過ぎるといった問題が顕著になる前に、在庫管理システムの判断によって人の関与をできる限り排除した形で適切な在庫の発注を行うのです。膨大で複雑なデータを一定のルールで処理することはIT システムの得意領域であり、人が中途半端に絡んでしまうよりもIT システムに任せた方がうまくいくことがあります。

［2］在庫理論も使いようでは十分に役に立つ

　前述の通り、在庫管理の理論は実務では使いにくい場面があることは事実です。理論的に計算された安全在庫を設定して発注点管理を実行しても、欠品や過剰在庫が発生するからです。加えて、安全在庫の基準を適切に調節しても、なかなか最適な安全在庫のポイントが見つからないという問題も発生します。実際の生産活動では、さまざまな事態が発生するからです。突発的な受注や増産要請、想定していなかった需要の急減、生産現場でのトラブルなど何らかの問題が発生してしまうと、在庫管理の理論では対応できないので、ほぼ無力となってしまいます。

　しかし、あらゆる事態に対応できる理論など存在しません。在庫管理の理論は、ある程度定常的に消費される原材料や、定常的に販売される製品に対してはとても有効に機能します。加えて、理論計算がおおむね適用できるので、在庫管理システムなどIT システムへの展開を考える際にも運用しやすいものです。欠点だけを挙げて「使えない場合がある」という理由で、在庫管理の理論を無能扱いするのはもったいない話です。

在庫基準を明確にした企業の実践例：

「（販売店舗での）欠品は許さない」という経営方針だった食品会社A社。
現場は過剰に生産するため、毎日、売れ残りが発生して経営を圧迫。
いつしか賞味期限を偽装して売れ残りを販売する不正行為に手を染める

大々的に報道され、社会問題化した不正行為の反省から、
「造った分だけを販売する」という経営方針に転換。
生産能力の分だけを生産し、販売店舗の在庫数量を逐一把握しながら、
売り切った時点で販売を終える

在庫基準　この事例では「生産能力分だけを製品にして在庫する」

企業の販売方針や経営方針などから、持つべき「在庫基準」を明確にし、
それに合わせて原材料の調達、生産、販売を行うことが重要。
在庫基準が決まらなければ、どこまでのリスクを想定すればよいのかも決まらず、
実務者は行動ができない

図 5-2 ●在庫基準の明示、どこまでのリスクに対応するのかの明示
（作成：筆者）

　在庫理論がうまく活用できない背景には、管理者が「在庫基準をどう設定するか」、そして「どこまでのリスクを許容するか」を明確に示していない問題があります。そもそも、「どのような在庫をどれくらい持つべきか」という、在庫を保有する基準を管理者が経営的な視点で明確に示していないと、実務者は在庫の管理を「在庫金額」や「在庫数量」といった実務的な「物差し」でしか見ることができません（図5-2）。すると、金額の大きなものは厳格な管理、金額の小さなものは大雑把な管理といった具合に、在庫を持つ目的（経営の目的を達成できるか否か）を顧みずに在庫管理を「在庫数量の管理業務」に矮小化してしまうのです。

　本書の主題である「目的志向の在庫論」では、この点を重視します。例えば、経営の目的を「需要変動の激しい市場で業界首位の売り上げを実現する」と設定した場合、管理者には「保有する在庫は、想定する需要変動に耐えられる数量にする」など、在庫を保有する基準を明確に示すことが

求められます。一方で、「平均需要の 1.5 倍までの需要増には必ず対応するが、それ以上の場合は可能な範囲で対応する」などと、どこまでのリスクを許容するかに関する在庫の基準も管理者は明確に示さなければなりません。

在庫をどの程度持つべきかという判断の基準と、対応すべきリスクの許容レベルが実務者に対して示されていれば、実務として管理すべき在庫基準が明確になります。一定の在庫を持つと判断してその水準をきちんと実務で管理しておけば、在庫量を絞り過ぎて想定外の欠品トラブルなどが頻発する心配はありません。「どのようなリスクにも対応できる在庫を持つ」という考えは現実的ではないため、想定したリスクの範囲内であれば確実に対応するというラインを定めておけばよいのです。

また、こうしておくことで（事前に営業部門と方針を擦り合わせておけば）、営業部門からの想定以上のリスク対応（予想していなかった増産への無理な対応など）を求められることもなくなるので、在庫量を必要以上に持たなければならない動機も薄れてきます。

管理者が「在庫基準をどう設定するか」、そして「どこまでのリスクを許容するか」を明確に示すことで、ルールに基づいて在庫を管理する条件とそうではない条件が明確に分かれます。ルールに基づいて在庫を管理する場合は在庫理論が有効に機能します。そうではない場合は、在庫理論を無理に当てはめることなく、個別の実務の中で在庫の最適化を議論すればよいのです。

在庫管理に対し、「どのようなことにでも対応しなければならない」という無理な強迫観念は捨てて合理的に判断する（ある種の割り切りをする）ことが、管理者の示す明確な基準の意味だと考えてください。

5.2　在庫理論の基本的な考え方と実用面での注意点

5.2.1　原材料に対する在庫管理

　原材料における在庫管理の基本は、原材料の「入」の制御です。原材料は調達されると一時的に原材料在庫として保管され、適宜、生産活動で消費されます。このため、原材料在庫を考える場合、「入庫（原材料を購入して自社資産として倉庫に入れること）の量」と「現在、在庫となっている量」、「出庫（原材料を製造部門に払い出すこと）の量」の3つを考えることになります（図5-3）。

　原材料在庫で「出」の部分は、生産活動のために製造部門に払い出された量（出庫の量）になります。これは、顧客からの注文と顧客の注文に従った生産計画によって決まります。そのため、原材料在庫として管理可能なパラメーターとはならず、原材料在庫としては半ば所与の条件として考えることになります。従って、基本は「入」を、すなわち調達する量を制御することになります。消費される原材料の量を見ながら、いつ、どの

	期首在庫	1	2	3	4	5	6	7	8	9	…
入庫		200		200			200		200		
出庫		150	100	150	50	50	100	150	50	100	
在庫	200	250	150	200	150	100	200	50	200	100	

X日朝の在庫量＋その日の入庫量－その日の出庫量＝X＋1日朝の在庫量

　　　　原材料の場合
　　　　　入庫：原材料メーカーの納品数量（受入数量）
　　　　　出庫：工程への払い出し数量

図5-3 ●X日での在庫量－出庫量＋入庫量＝X＋1日での在庫量の表
（作成：筆者）

	定期的な発注	不定期での発注
定量発注	定期定量発注 発注頻度：一定 発注量：一定	不定期定量発注 発注頻度：変動 発注量：一定
不定量発注	定期不定量発注 発注頻度：一定 発注量：変動	不定期不定量発注 発注頻度：変動 発注量：変動

図 5-4 ●4 つの発注方式
（作成：筆者）

程度の量を調達するかということがここでの在庫管理になります。

　在庫管理の理論では、「入」を制御するいくつかの方法があります。発注方式を決める重要なパラメーターは、発注量と発注タイミングです。発注量では、常に一定数なのか、発注のたびに数量が変わるのかの区分があります。それぞれ定量発注、不定量発注と呼びます。一方の発注タイミングでは、定期的に発注するのか、必要に応じて不定期に発注するのかの区分があります。それぞれ定期発注、不定期発注と呼びます。

　一般には、これをマトリックスにして4つの発注方式を考えます（図5-4）。［1］定期定量発注方式、［2］定期不定量発注方式、［3］不定期定量発注方式、［4］不定期不定量発注方式です。この考え方は調達の基本的な考え方なのでぜひ覚えてください。

5.2.1.1　定期定量発注方式

　定期定量発注方式は、常に一定の量を一定のタイミングで発注する方式です。例えば、「毎月20日に翌月の使用予定分として100ケースを発注し、月末に納品してもらう」といったものです。使用量が常に安定している場合、このような定期定量発注方式が可能になります。面倒な管理が不要

で、決まったパターンで容易に調達を行えるメリットがあります。

　半面、極めて生産量が安定しているような、ごく限られた原材料だけに適用できる考え方なので、現実的にはあまり実用性はありません。

　この発注方式を採用する原材料では、1回の発注量と発注頻度を考える必要があります。例えば、月に100ケース使用する原材料があるとした場合、次のようにいくつかの発注方法が考えられます。

A：100ケースを月に1回発注する
B：50ケースを月に2回発注する
C：25ケースを毎週発注する（月に4回発注する）など

　これらは月当たりの発注量は同じですが、1回の発注量と発注頻度が違うことがポイントです。在庫量の観点で考えると、前月の残数がゼロであれば、Aは最大の在庫量が100ケースであるのに対し、Cは最大の在庫量が25ケースで済みます。工場や倉庫の場所が狭く、100ケースも置けないといった場合にはCが有利となります。

　一方で、1回発注するたびに調達先からの物流費がかかるということであれば、Aは毎月1回分、Cは毎月4回分の物流費がかかります。実際の物流費は輸送量が関係し、Aは量が多く、Cは量が少ないので単純比較はできませんが、ここでは簡便的に考えています。また、1回の発注単位が多いか少ないかで経費や購入単価が変わることもあるため、現実にはそれらも勘案する必要があります。

MEMO

　一般に調達活動では、「月末締めの翌月20日支払い」といった具合に掛け取引を行うことが少なくありません。この場合、企業の金の視点では、月内での購入費用の総額が同じであれば、一定期日後にAであれCであれ同じように企業から調達先に金が出ていきます。

　しかし、これが月をまたぐ形で定期定量発注される場合は、少し条件が異なることがあります。例えば、100ケースを毎月発注する場合と、300ケースを3カ月に1回発注する場合は、後者であれば3カ月に1回とはいえ、300ケース分の購入金額に相当する金が一気に企業から出ていきます。また、その原材料を使用して製品を造って顧客に販売して代金として金を回収するには、最低でも3カ月はかかることになります。そのため、企業の金が回り難くなる（資金効率が悪くなる）事態が発生する可能性があります。

　安価で大きさも場所を取らない程度のものでは、できる限りまとめて発注した方がよいという判断が成り立ちます。生産現場にはほとんど影響を及ぼさないからです。在庫の量が増えることをある程度許容する代わりに、何回もの物流費をかけてこまめに発注する面倒な管理を避けるのです。

　一方で、体積が大きくかさばるものや高額の原材料の場合は、単位を小さくして発注する頻度を高めます。倉庫や工場のスペースや、資金を圧迫するからです。そのため、一括でたくさん発注するよりも、極力、必要な物を、必要な時に、必要なだけ供給するJIT（Just in Time；ジャスト・イン・タイム）方式で発注するようにします。いずれにせよ、費用と置き場所の問題を考えればよいので、基本的に難しい在庫管理の必要はありません。

　なお、この考えには経済的発注数量（EOQ：Economic Ordering Quantity）という理論が存在します。この理論の基本的な考え方は次の通りです。発注量を多くすると1単位当たりの発注コストが下がります。一方で、発注量を多くすると1単位当たりの在庫の維持コストは上がります。ここで、発注コストと維持コストを合算したものが在庫の保有コスト

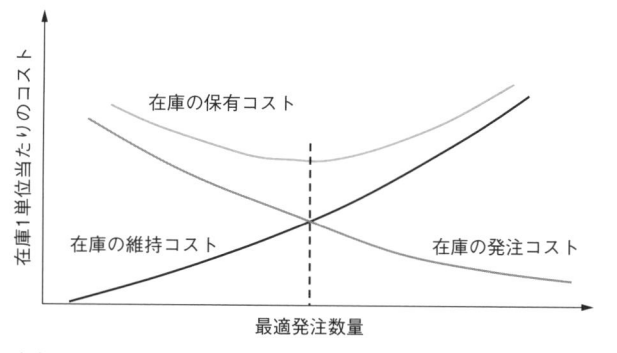

在庫の発注量が増えると、在庫を持つことにかかる維持コストは増える。
在庫の発注量が増えると、1単位当たりの在庫の発注コストは減る

図 5-5 ● 経済的発注数量
（作成：筆者）

になり、理論上は**図 5-5** のように在庫の保有コストが最小になるポイント（最適な発注数量）が存在していると考えるのです。

　ただし、実際にはどの費用を発注コストや維持コストと考えるのかによって、最適な発注量の計算値は異なります。従って、実際には倉庫などの物理的制約や調達先からの提示条件を踏まえた交渉によって発注数量はほぼ決まります。

5.2.1.2　定期不定量発注方式

　定期不定量発注方式は、常に一定のタイミングで発注量をそのたびに変更する方式です。例えば、「毎月 20 日に翌月の使用量を予測し、来月の予定分 100 ケースを発注して、月末に納品してもらう」といったものです。使用量の予測を毎月立てて、ある月は需要が多いので 120 ケースを発注し、またある月は需要が少ないので 50 ケースだけ発注などといった具合に、一定のタイミングで発注します（**図 5-6**）。

　この発注方式は、日にちを決め、営業部門からの販売見通しや製造部門

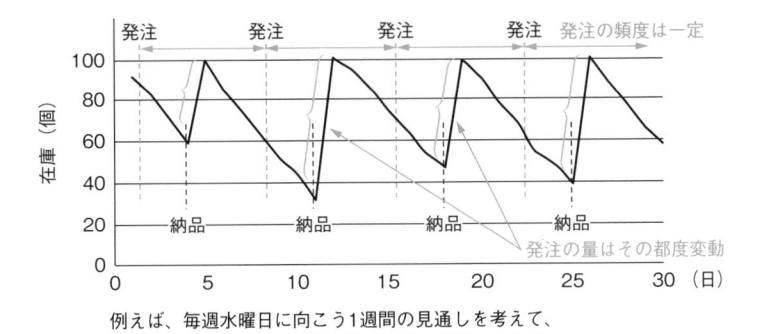

例えば、毎週水曜日に向こう1週間の見通しを考えて、
月曜日に最大100個の在庫を持つように発注をかける

図 5-6 ● 定期不定量発注方式のイメージ
（作成：筆者）

からの生産予定などの情報を集約して、毎月、発注量を決めて発注するやり方です。そのため、調達部門の業務手順として標準化（業務ルーティン化）しやすく、多くの原材料に適用できる発注方式です。ただし、万能ではなく、翌週の使用量や翌月の使用量の予測が困難な業界や製品では、この発注方式がうまく当てはまらない場合もあります。

　また、購入単位が調達先によって制限される場合には、必ずしも自社の思い通りには購入できません。そのため、この発注方式が有効に活用できないこともあります。例えば、「100 ケース単位でしか販売しない」といった調達先の場合は、80 ケースだけ、140 ケースだけといった端数単位での購入ができません。そのため、「120 ケース」が欲しい場合に、「100 ケース」だけ買って次の発注を早めに行うか、「200 ケース」買って在庫を抱えるかといった選択を迫られる場合もあります。

　なお、こうした不定量発注は、営業部門からの販売見通しなどの情報を基に、その都度発注量を検討しなければならないので、とても煩雑な業務になります。そこで、近年は IT システムを活用し、半ば自動的に発注数

量を計算できる（時には発注業務まで自動的に行う）ので、ITシステム化された業務との親和性が高いことを認識しておくとよいでしょう。

　この定期不定量発注方式は、膨大な種類の原材料に対する発注業務を一定の決まったタイミング（例えば、毎週月曜日や毎月10日など）で行うため、発注業務を計画的に行えるというメリットがあります。逆に、必要に応じて、その都度、さまざまな原材料を発注する業務は大変煩雑な作業を伴います。そのため、タイミングを定めて計画的に業務を行わなければ、調達部門における業務量のコントロールがとても難しくなるというデメリットが生じます。

　一方で、この方式は次の月の予測を基に発注量を決めるため、例えば、「もしかしたら注文が来るかもしれない」、あるいは「顧客での増産の可能性がある」といったさまざまな思惑により、予測される量がどうしても多くなりがちです。

　その結果、本当に必要な発注量以上の発注をかけてしまう危険性がある方式ともいえます。発注作業を行うに当たっては、前回発注した量が本当に適切だったのか、在庫が予定以上に増えていないか、あるいは、前回発注量を決める際に参考にした情報は本当に正しかったのか、といった振り返りを必ず行ってください。単に業務手順にのっとって粛々と発注作業を行っていると、高い確率で在庫量の増加につながる危険性があることを認識しておきましょう。

5.2.1.3　不定期定量発注方式

　不定期定量発注方式は、常に一定の量を必要に応じたタイミングで発注する方式です。例えば、「現在の在庫量が20ケースになれば100ケースを発注し、速やかに納品してもらう」といったものです。常に、自社の在庫

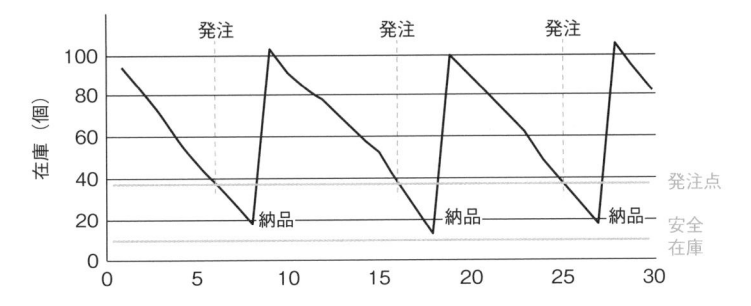

発注点を割り込む在庫数量になった時点で、一定数の発注を行う。
発注点で発注をかければ、納品までの期間で欠品を起こす可能性は一定確率以下にできる。
安全在庫は、需要の不確実さを勘案しても、この数量以上の在庫があれば欠品を起こす可能性は一定確率以下となる在庫量

図5-7 ●安全在庫と発注の関係
（作成：筆者）

状況を踏まえて、生産活動で消費された原材料が一定の在庫量以下になったタイミングで発注します。

　この方式は発注量は一定であるものの、発注のタイミングを制御することによって、常に一定の範囲の在庫量が自社内に存在する状況をつくることに適しています。この方式で出てくる重要な概念が、安全在庫と発注点です（図5-7）。

　例えば、原材料を毎日平均して10ケース使用する工場があったとします。それに対し、原材料の発注リードタイムは5日かかる（つまり、発注してから5日後に納品される）場合、原材料在庫が50ケース（10ケース/日×5日）の段階で次の発注をかけないと、原材料が欠品してしまうことになります。このように、原材料の調達リードタイムを勘案し、日常の生産活動で徐々に消費されていく原材料がどれくらいあれば、欠品を起こさずに次の原材料の納品に間に合うのかを示す数量が安全在庫と呼ばれるものです。そして、この安全在庫を確保するために、いつ発注すればよいか

を示す「在庫量」を発注点と呼びます。

　ただし、この安全在庫は、先ほどのように平均10ケースを消費する工場において材料の調達リードタイムが5日の場合、50ケースあれば間に合うというのは少し乱暴な考え方です。常に1日10ケースだけ使用する工場であればよいのですが（それなら定期定量発注方式で十分です）、実際には顧客からの注文は常に変動します。そのため、今日は8ケースのみを使用して明日は15ケースを使用するといった具合に日々の生産量（原材料の消費量）が異なると、例えば50ケースを安全在庫と考えていた場合、材料を発注してからの5日間で生産がいつもより多かったときには、途中で材料が足りなくなる、すなわち欠品が発生してしまうことになります。逆に、原材料を発注してからの5日間でほとんど生産がなかった場合は、その後の在庫量が過剰になるといったことが起きます。

　こうした生産のばらつきが存在するため、安全在庫を考えるときには、生産のばらつきも含めて考える必要があります。詳細な理論は割愛しますが、安全在庫は図5-8と図5-9に示す計算式で表されます。

安全在庫量＝安全係数（α）× $\sqrt{発注リードタイム}$ ×標準偏差（σ）

安全係数：どれくらいまでの欠品を許容するかを表す値。
　　　　　一般には欠品許容率を5%として、安全係数1.65を使う
発注リードタイム：発注から納品までのリードタイム（日）
標準偏差：毎日の使用量のばらつき、標準偏差

発注点＝安全在庫量＋(平均使用量×発注リードタイム)

平均使用量：毎日の使用量の平均値（使用量/日）

図5-8 ●安全在庫、発注点の計算式（その1）
（作成：筆者）

第5章

欠品許容率（%）	安全係数
0.1	3.10
1.0	2.33
2.0	2.06
5.0	1.65
10.0	1.29
20.0	0.85
30.0	0.53

図 5-9 ●安全在庫、発注点の計算式（その 2）
（作成：筆者）

　不定期定量発注方式には簡便な方法があります。「2 ビン方式」や「2BOX 方式」などと呼ばれるものです（**図 5-10**）。例えば、ねじなどの消耗品を最初は 2 箱購入しておき、片方の箱から使い始めて、それが空になればもう片方の箱を使うと同時に、新たに 1 箱を発注するという仕組みです。必要量の最大 2 倍の在庫を持つことになりますが、「現物管理」だけで在庫量を必ず確保できる簡便な方式です。従って、価格の安い消耗品や副資材のようにあまり発注業務に手を掛けたくないものや、備品や保守部材などでよく活用されています。

MEMO

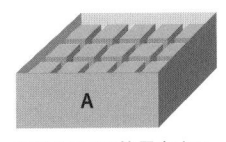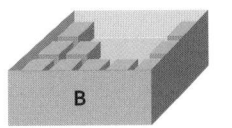

1. 同じものを2箱用意する
2. 片方Bから使い始める（もう片方Aは使わない）
3. 片方Bが使い終われば、もう片方Aを使い始める
4. 1箱を追加で発注する（その間はもう片方Aを使い続ける）

図 5-10 ●2 ビン方式のイメージ図
（作成：筆者）

5.2.1.4　不定期不定量発注方式

　不定期不定量発注方式は、必要な量を必要に応じたタイミングで発注する方式です。例えば、「現在の在庫量が 20 ケースを下回れば、80 ケースを発注し、合計して最大 100 ケースの在庫量を維持する」といったもので

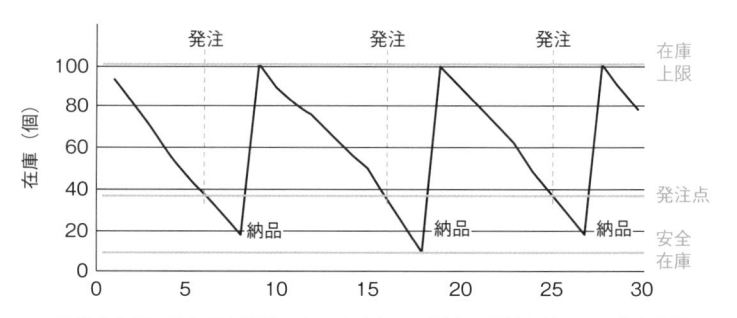

発注点を割り込む在庫数量になった時点で、将来の予測を踏まえて在庫上限になるような数量の発注を行う。
将来の使用量の見通しを加味することで、定量発注よりも在庫の量が上限が越えないように制御することが可能になる

図5-11 ●不定期不定量発注のイメージ図
（作成：筆者）

す。常に自社の在庫状況を踏まえて、生産活動で消費された原材料が一定の在庫量以下になったタイミングで発注します。同時に、今後使用が見込まれる数量を予測してその数量だけを発注するというものです（図5-11）。

　もっと分かりやすく言えば、「必要なタイミングで、必要なものを、必要な量だけ買う」ということなので、受注生産において、受注した時点で必要なものを必要な量だけ買う場合も、この不定期不定量発注方式の1つとなります。ただしこの場合は、必要なものを必要な量だけ買い、買ったものは製品に活用して出荷してしまいます。そのため、在庫管理の範疇として議論されることほとんどないので、ここでは詳しく言及しません。

　この方式は、発注のタイミングも発注の量もさまざまという形になるため、調達業務は最も難易度の高いものになります。そのため、顧客の動向や現場の生産状況などを踏まえて状況判断できるスキルの高い人が、勘と経験と度胸（いわゆるKKD）によってこの不定期不定量発注方式を運用

することが多く、個人のスキルに依存した「場当たり発注方式」と呼ばれることもありました。しかし、現在では顧客の需要状況や生産状況などの情報からITシステムが原材料在庫の状況を監視し、必要な発注量を計算して、必要なタイミングで発注する（あるいは、発注業務は人が行うものの、発注するための適切な情報をITシステムが出力する）ことができつつあります。

この不定期不定量発注方式は、改めて見直されています。必要なものを、必要なタイミングで、必要な量だけ調達するという、調達活動のあるべき姿に最も近づけることができる発注方式が、この不定期不定量発注方式だからです。

基本的な考え方は不定期定量発注方式における考え方と同様です。代表的な活用例は、それぞれの原材料の最大量を設定し、現在の在庫量に対して、その最大量になるように発注量を制御する考え方です。生産活動における原材料の需要には、ばらつきがあります。定量発注の場合は、今後の需要が減少方向になっても同一量を発注することになるため、過剰在庫を抱えてしまう危険性があります。一方で不定量発注であれば、発注すべき量を調整できるため、最大量を常に一定の水準に維持する理想的な状態に保つことができます。

ただし、デメリットは定期不定量発注方式と共通しています。今後の予測がうまくできない場合や、欲しい量だけを限定して購入できない場合には、欠品を避けるためにどうしても多めに買わざるを得ないという問題が発生するので注意が必要です。

5.2.2　在庫管理で必須のABC分析

在庫管理には必須となる ABC 分析（重点分析、あるいはパレート分析

とも呼ばれる）があります。この分析手法はパレートの法則がベースとなっています。パレートの法則とは、全体の数値の大部分は、全体を構成する一部の要素が生み出しているという経験則のことです。よく知られている事例には、次のようなものがあります。

・売り上げの8割は上位2割の顧客が生み出している
・企業が得た利益の8割は、上位2割の商品から得られている
・不良の8割は、全部品のうち限られた2割の部品に原因がある
・会議で得られた成果の8割は、重要な2割の議論によって生み出されている

　こうした経験則から、パレートの法則は俗に「8:2の法則（80:20の法則）」と呼ばれることもあります。

　パレートの法則を基にしたパレート分析では、売上高や在庫量、不良の件数など、議論したいものを「大きい順」に並べて、影響の大きなものから順に高い優先度を当てはめる分析手法です。多くの要因がある中で、優先すべきことと優先しなくてもよいことを層別できるため、ビジネスの多くの場面で活用される考え方です（図5-12）。

　例えば、「全体に占める売上高の大きな顧客を明確にし、その顧客に高い優先度を付けて、重点的に販売活動を行う」といったことや、「上位3つの不具合項目を明確にし、その不具合に高い優先度を付けて重点的に改善活動を行う」といったことに活用されます。逆に、「全体に占める売上高の小さな顧客は優先度を下げ、そこに貴重な営業戦力を割かない」といったことや、「下位の不具合項目については優先度を下げ、改善活動は後回しにする」といったことを考えることも可能になります。

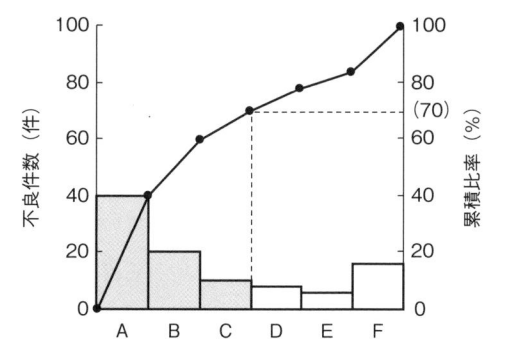

1．不良の項目を件数の多いもの順に並べる
2．それらの件数の累積比率を記入する
3．この事例では、不良A、不良B、不良Cの3項目で
　不良全体の70%を占めていることが分かる

図 5-12 ●パレート分析のイメージ
ある工程での不良。（作成：筆者）

もともとパレートの法則は、イタリアの経済学者であるビルフレッド・パレートが所得統計を分析し、所得分布が安定的であって時代によって変化しないという結論を出したことに由来します。パレートの研究では、社会の総所得の多くは少数の高所得者によるものであり、それは時代や環境によっても変化しないことを示していて、その比率は一定だと結論付けています。社会が変わっても所得格差は拡大しないがなくなりもしないという結論は、学術的には評価も批判も双方がある考え方です。しかし、ビジネスの世界では経験則としてリアルな説得力があるため、「全体の数値の大部分は、全体を構成するうちの一部の要素が生み出している」という意味で使われています。

　このパレート分析の考え方を在庫管理に応用したものが、ABC分析です（図5-13）。そもそも膨大な種類の原材料を管理しなければならない場合、それらに対して一様に調達の業務負荷をかけることは不可能です。そのため、このパレート分析の考え方を活用するのです。

　なお、在庫管理においては、パレート分析で層別して上位の項目をAランク、中位の項目をBランク、そして下位の項目をCランクと呼ぶことが

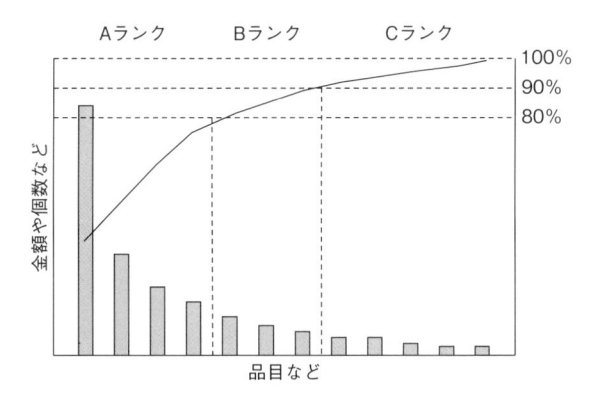

図 5-13 ● ABC 分析のイメージ
少数の品目で全体の 80 ％の金額や個数を占めている。（作成：筆者）

多いため、一般に ABC 分析と呼ばれています。

　例えば、原材料の場合、膨大な種類の原材料があっても、頻繁に生産活動に使用されるような原材料はその中のごく一部であることが多いのは、経験的に分かると思います。典型的なイメージとしては、「在庫金額が上位 20 ％の原材料品目で、在庫金額全体の 80 ％程度を占める」といったものです。

　ただし、パレートの法則は経験則なので、厳密にこれらの数字が決まっているわけではありません。例えば、特定の高額在庫が存在している場合には「在庫金額が上位 5 ％の原材料品目で在庫金額全体の 90 ％程度を占める」といった場合や、突出した金額の在庫が少ない場合には、「在庫金額が上位 30 ％の原材料品目で、在庫金額全体の 60 ％程度を占める」といった場合もあり得ます。この 8：2 という比率の数字は、そうした傾向があるといった目安と捉えてください。重要なことは、「全体の数値の大部分は、全体を構成するうちの一部の要素が生み出している」という考え方です。

　在庫管理においては、対象となる原材料について、在庫量あるいは在庫

金額の大きなものから順番にA、B、Cとランクに分けて、Aランクは重
点的な管理対象に、Cランクは簡易的な管理対象に、そして、中間のBグ
ループはその中間的な管理を行います。

　原材料の在庫管理であれば、少数の金額上位品目（Aランク）は、細か
く需要動向を把握し、原材料メーカーとの密なやり取りで、在庫数量を重
点的に管理する対象にします。一方で、その他大勢の金額下位品目（Cラ
ンク）は、多少の在庫増は無視してでも簡便なルールを設定して機械的に
在庫数量を管理する対象にします。

　例えば、Aランクの品目は、スキルのある担当者が生産現場や調達先を
管理しつつ、適正と考える在庫数量を維持するといった管理を行います。
面倒な管理を行う対象が大幅に限定されるので調達業務を省力化できます。

　これに対し、Cランクの品目は、あまり細かな管理をせずに、シンプル
なルールを設けて機械的に在庫数量を管理するといった方法を採ります。
不定期定量発注方式で紹介した「2ビン方式」といった、ある程度在庫が
過剰になっても管理の簡便さを優先した管理方法を取るのは、このCラン
ク品が中心になります。ただし、ある程度の余裕を持って在庫を保有して
おいたとしても、結局のところ、少ないながらも欠品が一定の比率で発生
する可能性はあります。そのため、全く管理しないということではなく、
在庫数量の管理は必要になります。

　「目的志向の在庫論」では、管理者が在庫を保有する方針を組織に対し
て明確に示すことが必須だと解説しました。「在庫基準をどのように設定
するのか」、そして「どこまでのリスクを許容するのか」を管理者が明確
に示すことにより、ルールに基づいて在庫管理ができる条件とそうではな
い条件が明確に分かれます。

　判断の基準やリスクの許容レベルが実務者に対してしっかりと示されて

いれば、ABC分析において、Aランクに分類された品目は、「需要変動を取りこぼさないように常に必要数量の1.5倍の数量を保有する」「徹底した資金圧縮を狙い、ギリギリの保有レベルを堅持する」「管理の頻度を高めて、需要の動向を毎日営業部門と情報共有する」などといった取り組み方針を決めることができます。そのため、この手法がより有効に機能するようになるのです。

また、Cランクに分類された品目でも、「最低必要量の2倍の在庫を持ってもよいから、発注頻度を隔月に抑える」「現物の数量管理は月末に1回とし、日常の在庫チェックはしない」といった取り組み方針を決めることができます。管理者が大まかな在庫基準を決めれば、現場が判断できるようになります。

5.2.3 原材料の需要タイプに応じた管理がポイント

在庫管理が難しいのは、それぞれの原材料の動き方、すなわち、原材料が生産に使われて顧客に出荷されるまでの動き方がさまざまだからです。そのため、実際の在庫管理では、原材料に関するそれぞれの事情を勘案しなければならず、在庫管理の業務は極めて煩雑なものになってしまいます。

そこで、煩雑な在庫管理の業務をできる限り簡便にするために、原材料の需要をいくつかのパターンに分けて考えるフレームワークを紹介します。このフレームワークでは、2つの切り口を考えます。1つ目の切り口は「需要の量が安定しているか不安定か」、2つ目の切り口は「需要の頻度が安定しているか不安定か」です。

需要の量が安定しているとは、原材料において、必要になる量が常に一定なのか、必要になる量がその都度変わるのかといったものです。需要の頻度が安定しているとは、原材料において、必要になるタイミングが常に

需要の量

		安定	不安定
需要の頻度	安定	常に安定した需要	需要の量は変動 需要の頻度は一定
	不安定	需要の量は一定 需要の頻度は変動	常に不安定な需要

図5-14 ●4つのパターン
（作成：筆者）

一定なのか、必要になるタイミングがその都度変わるのかといったもので
す。これらを組み合わせて4つのパターンを考え、それぞれどのような性
質を持っているか、そして、どのように管理すればよいかを解説します。
具体的には、[1] 需要の量は安定、需要の頻度も安定、[2] 需要の量は安
定、需要の頻度は不安定、[3] 需要の量は不安定、需要の頻度は安定、[4]
需要の量は不安定、需要の頻度も不安定という4つです（図5-14）。

　ここから説明する考え方は在庫管理だけではなく、企業が「在庫削減」
をしようと考えた際にも活用できる、とても有用なフレームワークになり
ます。

[1] 需要の量は安定、需要の頻度も安定

　常に一定の頻度で生産や販売が行われ、その量も常に一定であるものを
指します（図5-15）。顧客が自社に対する注文で定期定量発注方式を
採っている場合はこのような形になります。

　生産や販売への需要が安定しているため、原材料においても、定期的に
一定数量の調達を行えばよいことになります。ただし、ここでいう「一

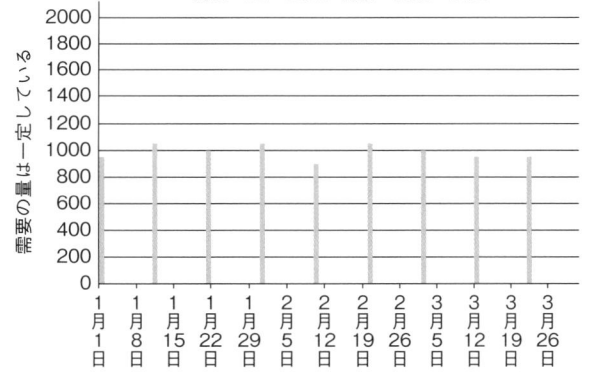

図5-15 ●需要の量は安定、需要の頻度も安定
（作成：筆者）

定」とは、全く同一である必要はありません。自社にとって安定している
と判断できればよいという意味に捉えてください。

　頻度も安定しているため、将来の予測は比較的容易にできます。在庫管
理の実務は、急に需要量が増えたり（減ったり）発注の有無が予測できな
かったりすることが少ないため、計画が立てやすく最も扱いやすいものに
なります。

　こうしたタイプの原材料在庫は、調達も生産も販売も簡単にコントロー
ルできるため、発注方式は定期定量発注方式が適しています。定常的な動
きから外れるイレギュラーな事態に陥ることが少ないので、在庫理論を適
用しやすく、在庫管理などのITシステムを活用しても問題はほとんど起
きません。

[2] 需要の量は安定、需要の頻度は不安定

　顧客からの受注は毎回一定の数量になっているものの、その頻度が一定

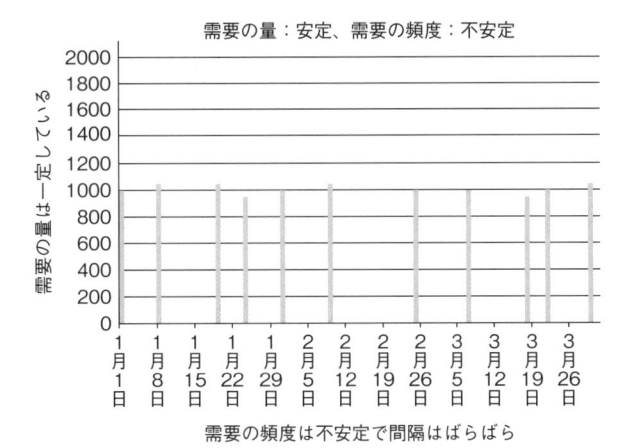

図 5-16 ●需要の量は安定、需要の頻度は不安定
（作成：筆者）

ではなく、不定期に受注をもらうといったものを指します（図5-16）。
顧客が自社に対する注文で、不定期定量発注方式を採っている場合はこの
ような形になります。

　受注の量が大きく変動しないので、原材料を発注する量の管理はそれほ
ど難しくありません。不定期定量発注方式のように、一定の在庫量を安全
在庫として設定し、在庫量が発注点を割り込んだ時点で一定量を発注する
といった発注方式が適しています。

　もちろん、定期不定量発注方式のように、一定のタイミングで消費され
た分だけを発注するという考え方もあります。次にいつ消費が発生するの
かを予測しにくい場合は、不定期定量発注方式の方が使い勝手が良く、あ
る程度は先の予測ができる場合は、定期不定量発注方式の方が在庫量の圧
縮にはより有利になります。

　需要の量が安定していてイレギュラーな量の変動が少ないので、これも
在庫理論を適用しやすく、在庫管理などの IT システムを活用しやすいタ

イプのものだといえます。

［3］需要の量は不安定、需要の頻度は安定

　顧客からの受注は、毎回一定の頻度になっているものの、その受注の量は一定ではなく、その時々によって変動するといったものを指します（図5-17）。顧客が自社に対する注文で、定期不定量発注方式を採っている場合はこのような形になります。

　この場合、原材料の調達先には、不定期定量発注方式と定期不定量発注方式のいずれも使えます。

　顧客からの受注量の変動が比較的小さい場合は、安全在庫をある程度高めに設定することが必要になる可能性はありますが、概ね不定期定量発注方式での運用が可能になります。そのため、既存の在庫理論や在庫管理システムを活用しやすいタイプのものといえます。

　これに対し、顧客からの受注量の変動が比較的大きい場合は困ったこと

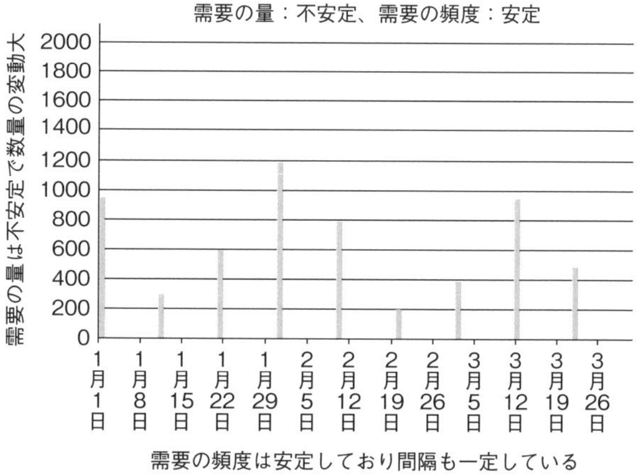

図 5-17 ●需要の量は不安定、需要の頻度は安定
（作成：筆者）

になります。例えば、時々、普段の平均的な需要量の数倍に相当する受注が発生すると、そうした事態でも十分に対応できる安全在庫を理論計算で設定したら、持つべき在庫量が現実離れするほど多くなってしまいます。従って、変動が比較的大きな原材料に対しては、機械的な在庫管理は難しいといえます。そのため、通常は在庫理論に基いた在庫管理を行って、大きな変動がある場合には、人が対応するというハイブリッド的な扱いが必要となります。

　こうした場合は、発注量の変動に対してどの程度の変動まで自社は対応すべきかというリスクの基準を管理者が明示することが重要となります。あらゆる変動に対応することは実務的に不可能だからです。例えば、「平均受注量の 1.5 倍までであれば、必ず通常納期で対応できるようにする」といったように、企業として対応すべきリスクの基準を定めておかなければ、実務者は適切な調達業務を行えません。

　同時に、営業面でも考えることがあります。「ある日突然、想定もしていなかった大量の受注が来る」といったことは、通常であれば考えにくいものです。例えば、顧客の市場が急拡大した、あるいは、顧客のさらに顧客側で大きな需要が発生した、といったケースは受注量の急増につながる事象になりますが、これらは、ある程度であれば営業活動の中で情報を捕捉することが可能なものです。

　「来月、○○の理由で受注量が倍増しそうだ」といった特別なタイミングでは、調達担当者が個別に原材料の調達数量を増やすなどして対応するのです。需要の量の変動が大きいのに対し、「在庫基準」を大きく設定して対応するという方法では、在庫は増加の一途をたどります。需要がスポット的に急増するような性質を持った製品に対する在庫は、「スポット的に急増するタイミング」で調達担当者が個別に対応するとよいでしょう。

　もちろん、全ての予兆を把握できるわけではありません。顧客自身です
ら自らの近い将来の需要増を把握できないケースもあるため、需要の大き
な変動を予測することには限界があります。それでも、こうした市場の特
徴を備えた製品に使用する原材料に対しては、日ごろから注意を払ってお
くことが大切です。

　ここで注意すべきは、顧客の生産能力です。いくら大量の受注を得たと
しても、顧客の生産能力を上回っているのであれば、それらが全て「すぐ
に顧客の生産には使われない」ということだからです。つまり、要求され
た納期通りに納品する必要はないかもしれないということです。

　これは顧客の販売能力や物流能力、貯蔵能力といったことに置き換えて
も同様です。顧客の生産能力が、自社から出荷する最大量の目安になりま
す。そのため、自社が対応すべき受注の変動リスクを考えるときに、顧客
の能力は重要な情報になるのです。

　もちろん、顧客が新しい生産ラインを増設した、あるいは、新しい外注
先の活用を開始したといった形で生産能力を大きく向上させる場合がある
ので、そうした動向についてもしっかりと営業部門を中心に把握しておく
必要があります。

[4] 需要の量は不安定、需要の頻度も不安定

　顧客からいつ受注が来るか分からない、かつ、どれくらいの量が発注さ
れるかも分からないといったものを指します（図5-18）。顧客が自社に
対する注文で、不定期不定量発注方式を採っている場合はこのような形に
なります。顧客がスポット的に生産しているケースや完全受注生産を行っ
ているケースなどが想定されます。

　これは非常に厄介で、これらについて全てを安全在庫で対応することは

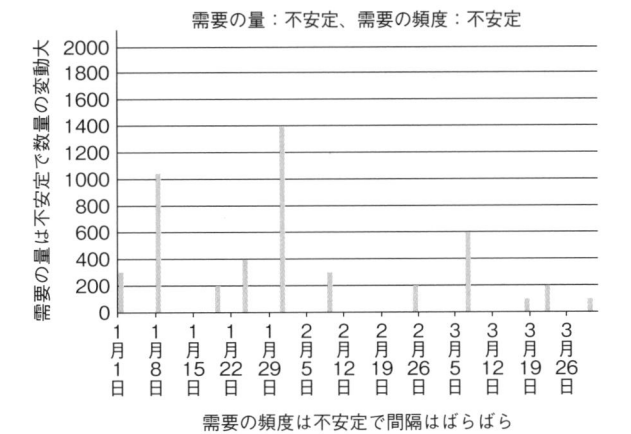

図 5-18 ●需要の量は不安定、需要の頻度も不安定
（作成：筆者）

現実的には難しいといえます。仮に理論計算で安全在庫を計算すると、膨大な量を持たなくてはならなくなります。こうした原材料では IT システムの活用も難しいため、調達担当者による個別対応が現実的なところになってしまいます。需要の変動リスクが大きいだけに、自社としてもできる限り受注を受けた段階、あるいは、受注の打診を受けた段階で、原材料の調達を開始するといった対応方針を組織として明確に定めておく必要があります。

5.3　サプライチェーン・ビジネスモデルから見た在庫の考え方

5.3.1　仕掛かり品と製品に対する在庫管理

本書では一貫して、在庫は経営の目的達成に貢献したか否かで評価すべきだと主張してきました。企業が厳しい競争環境の中で勝ち残っていくためには、その企業がどのようにして業界の中で勝っていくのかという戦略

をしっかりと持っておくことが重要です。

　製造業においては、調達、生産、販売をどのような体制で行うかということが戦略の実現に大きく影響します。これは、いわゆるサプライチェーン（供給連鎖）をどのように構築するのかといったことにほかなりません。

　例えば、ある企業が戦略として「どの競合他社よりも最短の納期で顧客に製品を届ける」ことを考えた場合、調達、生産、販売の流れを最短期間で行うために、それを十分に満たすための在庫を持つことが重要になります。前節 5.2 では原材料在庫を説明しましたが、顧客に対して最短期間で製品を届けるためには、原材料在庫だけではなく、仕掛かり在庫や製品在庫も適切な量だけしっかりと持っておくことが必要になります。

　一方で、経営に貢献するためには、ただ闇雲に在庫を持っておくのではなく、必要性の高い在庫は確実に持っておき、そして必要性の低い在庫、あるいは、経営的なリスクの大きな在庫についてはできる限り持たないようにするといった調整が必要になります。

　また、企業が戦略として「金の効率〔例えば、経営指標の総資産利益率（ROA）〕を重視した経営を行う」ことを考えた場合、先ほどの企業とは異なり、徹底して在庫のミニマム化（最少化）を図る必要が出てきます。別の企業では戦略として「標準仕様の製品に対して、顧客の要求に応じて追加オプションを素早く対応する」ことを考えた場合、オプション対応を素早く行うために仕掛かり在庫や必要な原材料在庫を確実に持っておくという取り組みが必要になってきます。

　このように、企業がどのような戦略を持ち、どのようなサプライチェーンを構築するか、それによって競合他社よりも自社の立ち位置をより強くするためには何を考えなくてはいけないのか、といったことを議論するときには、必ず、仕掛かり在庫や製品在庫をどのように持つかを考える必要

があります。そのため、管理者は在庫とサプライチェーンの考え方についても基本的な枠組みを知っておかなくてはなりません。

5.3.2 プッシュ生産とプル生産

生産におけるサプライチェーンを考える上で重要な概念が、プッシュ生産（押し込み生産）とプル生産（引き取り生産）です（図5-19）。

プッシュ生産とは、押し込み生産という別名が付いているように、それぞれの工程では自分たちの生産計画をこなし、作業が完了したものは次工程（あるいは顧客）に渡す形の生産方式です。次工程の都合は関係なく、各工程とも自分の工程の都合だけを考えて生産活動を行うので、次工程に対しては仕掛かり品（顧客に対しては製品）を押し込んでいくという意味で「押し込み生産」と呼ぶのです。この押し込み生産は、自工程の生産予定を粛々とこなせばよいために、それぞれの工程での生産計画の遂行はとても楽になります。

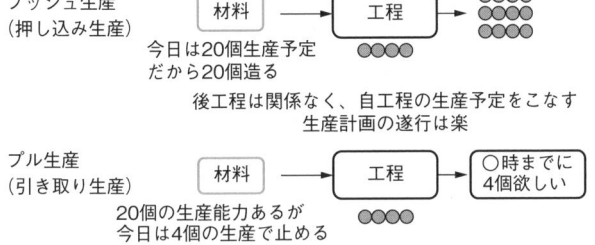

・プッシュ生産の生産管理は楽だが、工程でのトラブルがあると、すぐに在庫が積み上がってしまう
・プル生産は前後の工程と綿密な連携が必要で、高い生産管理力を求められるが、在庫はミニマムにできる（トヨタ生産方式の特徴の1つ）

図5-19 ●プッシュ生産とプル生産のイメージ
（作成：筆者）

　ところが、この生産方式では、後工程が前工程と連動していないと問題が発生します。後工程に何らかのトラブルが発生して生産が遅れたり停止したりすると、前工程で作業が完了したものは、後工程の手前で仕掛かり在庫となって積み上がっていくことになります。前工程と後工程に能力差がある場合にも、同様の問題が発生します。前工程の能力が高いと常に仕掛かり在庫が発生してしまい、工場の中が在庫で圧迫されるので、とても生産し難い手狭な現場になってしまいます。

　また、前工程で何らかのトラブルが発生して生産が遅れたり停止したりすると、後工程では作業をするものが来なくなるので、作業の手待ちが発生してしまうことにもなります。前工程と後工程に能力差がある場合にも、同様の問題が発生します。後工程の能力が高いと、常に手待ち（付加価値を生み出す作業をせずに待っている状態）が発生し、自工程の生産性が大きく阻害されてしまうことにもなりかねません。

　現実には、前後の工程に能力差が大なり小なり存在しているものです。後工程の方が前工程よりも能力が高い場合には、必ず工程間に仕掛かり在庫を持っておかなければ、順調に生産活動を行って出荷につなげていくことができなくなります。

　また、前工程と後工程で勤務シフトの体制が違ったり、作業のバッチサイズが異なったりする場合も、この仕掛かり在庫を活用して、互いの工程がスムーズに生産を継続できるようにするのです。

　ただし、仕掛かり品が増加したり手待ちが発生したりすることは、その分だけ、原材料の投入から出荷までの時間（すなわち生産のリードタイム）が延びることになることは認識しておかなくてはなりません。

　一方、プル生産とは、後工程（あるいは顧客）が必要な量だけ前工程が生産するという考え方です。例えば、後工程が100セットを欲しい場合、

求められる時間までに前工程は 100 セットを生産し、それを後工程に渡す（顧客に出荷する）のです。このように、後工程の必要な分だけを生産するので、仕掛かり在庫はミニマム化することができます。

　このためには、常に前後の工程で連携しながら、後工程の生産に合わせて前工程が生産する必要があります。前工程が何らかの原因で停止すればそれに連動して後工程も停止する、後工程が何らかの原因で停止すればそれに連動して前工程も停止するといった工程管理をしなければなりません。従って、プル生産は、プッシュ生産の方式に比べてより高い生産管理の能力を求められることになります。

5.3.3　ロットサイズと生産の考え方

　ロットサイズ（バッチサイズとも呼びます）は、1 つの工程を同時にいくつまとめて生産・管理するかという単位です。一般にロットとバッチは厳密に区別されることはなく、日本産業規格の「JIS-Z-8141」でも同一のものとして扱っています。ただし、識者によって独自の解釈を加える場合や企業の流儀なども存在するので気をつけてください。よく見受けられるのは、加工の単位をバッチ、管理の単位をロットと呼ぶことが多いようです。本書ではロットで表現を統一します。

　1 回の処理で 5t を生産する場合、ロットサイズは 5t となります。こうした場合のロットを「加工ロット」と呼ぶこともあります。また、同一の管理単位（例えば、同じ納入日の原材料を使い、それらをまとめて管理する場合など）として工程に 1000 台分を投入する場合、加工は何回かに分けて行うとしても、ロットサイズは 1000 台とすることがあります。こうしたケースではロットを「管理ロット」と呼ぶこともあります。いずれにせよ、ロットの定義はさまざまです。従って、管理者にも実務者にも「ロッ

トの意味」の正しい理解が求められます。

大ロット生産とは、1つの工程を大量に数をまとめて生産する方式で、まとめ生産とも呼ばれています。一方、小ロット生産とは、1つの工程を少数の数でまとめて生産する方式です。いくつ以上が大ロット、いくつ以下は小ロットといった明確な規定はありません。企業によって、あるいは、生産している品目によって、大か小かの認識は変わってくるでしょう。

例えば、1つの生産設備にまとめて1000個投入できる場合、そのときに必要な生産量は100個でも、1000個投入する場合は大ロット生産と考えることができます。1000個投入することができる設備でも、100個しか生産しない場合は小ロット生産と捉えることができます。

また、同じ設備で同じ製品を何度も繰り返し生産した方がよい場合には、次のような見方ができます。例えば、1回の生産で10tの製品が出来上がる工程において、今月の出荷は100tだとします。これに対して1回10tの生産を10回繰り返し生産する場合、ロットサイズを100tと捉えて、その設備を10回連続で使用するパターンは大ロットの考え方になります。これに対し、1回に生産する分は10tのみにして、それらを出荷に適切なタイミングで生産を非連続的に10回行い、合計で100tにするパターンでは小ロットの考え方になります。

なお、大ロットか小ロットかの議論は、1つの生産設備で複数の製品を

生産する場合に、どの程度のまとまりで生産するかを考える際にもよく出てくる概念です。

[1] ロットサイズと在庫量

　大ロット生産は必要な数以上に生産する場合にそう呼ばれることが多いため、大ロット生産は仕掛かり在庫や製品在庫をたくさん造り出してしまう方式と考えられています。1000 個の出荷に対して「せっかくだから」などという理由で、まとめて 1 万個を生産するような大ロット生産の場合、今日の出荷を終えた後には工場に 9000 個の製品在庫が残ることになります。

　一方、小ロット生産では、必要な数に近い数量を生産するため、大ロット生産に比べて仕掛かり在庫や製品在庫を少なくできるメリットがあります。1000 個の出荷に対して「生産設備の最も合理的な生産量だから」などという理由で、必要数に近い 1200 個を生産するような小ロット生産の場合、今日の出荷を終えた後には工場に 200 個だけの製品在庫が残ることになります。

[2] ロットサイズと生産性

　大ロット生産は、1 つの設備で同じものをまとめて生産するので、段取り替えなどの付帯作業が少なくて済みます。一方の小ロット生産は、頻繁に段取り替えが発生するため、生産性の観点では、大ロット生産の方が有利といえます。

　生産性は大ロットの方が有利な側面がありますが、大ロット生産によってたくさんの在庫が出てしまうと、それらの扱いのために管理や運搬などに余計な工数がかかってしまうため、間接工数が増大してしまう危険性が

あります。これに対し、小ロット生産では在庫を抑制できるため、そうしたロスを少なくすることが可能になります。

[3] ロットサイズと生産リードタイム

　大ロット生産では、まとめて多くの製品を生産することになるため、その分、作業時間が長くなります。小ロット生産では、まとめて生産する数が少なくなるため、その分だけ作業時間は短くなります。例えば、大ロット生産では1万個を10時間かけて生産するのに対し、小ロット生産では1000個を1.5時間かけて生産するといった事例を考えてみてください。大ロット生産では、次の製品の生産を10時間後にしか始めることができません。しかし、小ロット生産では、次の製品の生産を1.5時間後から開始することができます。

　大ロット生産では各工程の生産リードタイムが長くなるのに対し、小ロット生産では生産のリードタイムが短くなるメリットがあります。そのため、多種多様な多品種生産を行っている企業においては、いかに生産におけるロットサイズを小さくするかが、顧客への短納期対応の要となります。

[4] ロットサイズと原材料

　大ロット生産では、同時に大量の製品を生産するため、そのために必要な原材料も大量に必要になります。一方で、小ロット生産では、同時に生産する製品の数が少ないので必要な原材料の数も少なくて済みます。

　原材料の調達においては、大量に買って大量に消費する大ロット生産の方が管理しいものです。少量だけ買ってこまめに消費する小ロット生産は、頻繁に原材料を調達して頻繁に現場に出庫しなければならないので、

第5章

煩雑な実務を伴います。

[5]　ロットサイズとトラブル

　大ロット生産では、ロットに依存する品質不具合が発生すると、最悪の場合、そのロットが全て不良になってしまい、大量の不良品が発生してしまいます。一方、小ロット生産では、同様の場合でも、ロットの数が小さいので発生する不良品の数を抑えることができます。

　ロットサイズが大きくなるほど、生産上のトラブルや品質トラブルの影響を大きく受けてしまい、被害金額も増大してしまう傾向にあります。

　このように、小ロット生産では在庫を少なく抑えることができ、生産のリードタイムを短くして、品質などのトラブルが発生したときの影響を小さな範囲に限定することができます。半面、ロット全体の生産性（単位生産量当たりの作業時間）は悪化してしまうことになります。

　生産性の悪化は、すなわち生産コストの悪化に直結します。そのため、小ロット生産のメリットを享受するためには、小ロット化したときに障害となる作業環境や作業方法などの改善が必須です。ロットが小さくなることによって影響が大きくなる段取り時間の短縮や、生産設備そのものの制約（大量でなければ造れない、大量に投入しなければ非効率になるといった問題）といったものです。必要な原材料を、必要な量だけ、必要なタイミングで調達するために、調達業務に関する改善も必要になります。

　現実には、調達の問題や設備の制約、そして生産性の制約により、必ずしも大ロット生産が不利になるとは限りません。むしろ大ロット生産でなければ効率が悪くなるケースもあります。それでも、在庫数を抑制して経営の効率を高めるためには、小ロット化に向かうのが望ましいといえます。制約条件を改善活動によって是正し、小ロット生産でもできる限り不

利にならないような生産工程をいかに構築するかを、工場の中・長期的な課題として考える必要があります。

　顧客の多様性が高まるこれからの時代には、小ロット化を推進しても競合他社に勝てる利益体質を維持できること、そして、金を効率的に回す運営ができることが、企業がより有利に戦うための武器となるのです。

5.3.4　1個流し生産

　ロットサイズを小さくしていくと、究極的には、製品を1個ずつ生産する「1個流し生産」の概念が出てきます（ただし、化学プラントで生産する製品など企業の製品特性によって1個流し生産が当てはまらない場合もあります）。

　各工程をそれぞれ1個ずつ生産していく形態で、理想的には、生産の開始から終了までの全ての工程を待ち時間なく順々に作業し、最短の生産時間で製品が1個完成するといった姿になります。

　ただし、この1個流し生産のメリットを享受するためには、「理想に近い」生産体制を構築することが必要不可欠となります。まず、生産のタイミングに合わせて、必要な原材料を適切に生産現場に供給できる体制を要します。そして、1つの工程が終われば、次の工程に移動などの手間をかけずにすぐに渡すことができ、次の工程は受け取るとすぐに作業を開始できる、いわゆる「流れる」工程の構築も必須です。つまり、1個流し生産とは、単純に小ロット生産の究極の形というわけではなく、生産現場におけるさまざまなムダ・ロスを徹底的に排除した結果として実現できる、（ある種の）究極的な生産体制を意味するものでもあるのです。

　1個流し生産と聞くと、自動車メーカーや家電メーカーにおける1個流し生産を想像する人が多いと思います。工程のムダ・ロスを究極まで詰め

るのはとても難易度が高いので、「我が社では自動車メーカーのようにはいかない」などと1個流し生産を鼻で笑う人もいます。

しかし、たとえ1個流し生産を完全には実現できなくても、必要な原材料を、必要な量だけ、必要なタイミングで生産現場に供給すると、仕掛かり在庫をそれほど持たずにスムーズに最終製品を完成させる生産工程を製造業として目指すべきだという考えに異論はないと思います。「どこかの優れた企業がやっている自社とは異なる世界の話」だと安易に考えないようにしてほしいものです。

5.3.5 サプライチェーンにおけるストックポイントの考え方

生産工程を考えたときに、原材料で在庫を持っておくか、仕掛かり品で在庫を持っておくか、あるいは製品で在庫を持っておくかといったことを考える必要があります。これらを考える際には、ストックポイントと呼ばれる概念が重要です（図5-20）。これは、どこに在庫をストックしておくのかを考えるものです。ストックポイントは生産の違いで異なります。

［1］見込み生産

今後の事業を予測し、必要な製品をあらかじめ生産して、計画的に保有しておくという考え方が見込み生産です。これは計画生産の一種となります。見込み生産の場合、出来上がった製品は製品在庫として適切に保管しておくことにより、顧客からの注文があったときには速やかにそれらを出荷します。つまり、見込み生産ではストックポイントは製品ということになります。

ただし、工程内での仕掛かり在庫や原材料在庫は最低限しか持たないと考えなければなりません。あくまでも製品在庫を決められた期日に必要な

見込み生産（計画生産）：計画的に完成品を確保しておく

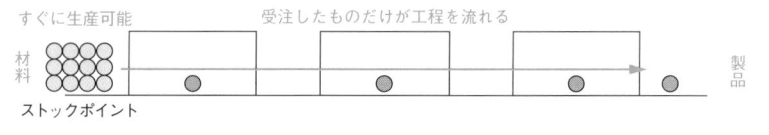

半見込み生産（計画生産）：計画的に便利な中間仕掛かりを確保しておく

受注生産：一般的には一定の材料を確保して受注に応じて生産する

完全受注生産（プロジェクト型）：受注してから全てが始まる

図 5-20 ●生産方式とストックポイント
（作成：筆者）

量だけ積み上げるために要する仕掛かり在庫や原材料在庫だけに抑えるということです。

［2］半見込み生産

　これも計画生産の一種で、今後の事業を予測してあらかじめ計画的に生産しておくものです。ただし、製品で在庫を持つのではなく、工程内の決められた工程と工程との間に仕掛かり在庫を持っておくので、半見込み生産と呼ばれます。例えば、途中工程までは各製品で共通のプロセスであり、最終工程や途中工程以降は顧客からの注文内容に応じて、いくつか仕様が異なるといった場合には、この考え方が適用されます。

　顧客から受注すると、できる限り早く出荷する必要があります。注文を受けてから生産するというのでは間に合わない場合には、あらかじめ実行できる共通した工程は済ませて、顧客からの注文に応じて変えなければならない工程の手前で生産を止めておき、仕掛かり在庫として持っておくという考え方です。

　どこの工程で仕掛かり在庫を持つのか、最終工程の1つ手前か、途中工程かというのは各企業の生産工程によって異なりますが、1つ、もしくは複数の仕掛かり在庫を持つポイント（すなわちストックポイント）をつくり、そこでの仕掛かり品の種類と量を管理するのです。

[3] 受注生産

　一定の原材料在庫を持っておき、顧客からの受注を起点に生産を開始して、製品を顧客に出荷をするのが受注生産です。この場合は、いつでも生産が始められるように原材料在庫を持っておくため、ストックポイントは原材料となります。

[4] 完全受注生産

　顧客からの受注が全く分からない状況下では、何を原材料在庫として持っておくかを決めることができません。完全受注生産では、在庫を持たずに受注してから材料の手配を始め、原材料が入手できたタイミングで生産工程を開始して、完成後に製品を顧客に出荷します。この場合は、基本的には在庫はゼロで運用することになります（厳密には、どの製品にも使えるような汎用部材やねじ、副資材など一部の原材料は持っておくことがあります）。

以上のように、自社の経営戦略に従った営業方針や生産工程の状況などを勘案し、どこにストックポイントを置くのかを考えます。そして、そのストックポイントにある製品在庫や仕掛かり在庫を対象に、適切に受注を満たせる数量を管理することが在庫管理の実務になります。

原材料在庫とは異なり、仕掛かり在庫や製品在庫の管理は、自社の生産プロセスをどのように構築するのか、自社の営業方針などを含めて考えなければならないため、サプライチェーンの検討と整合した形で考える必要があります。

5.3.6　在庫管理の重要なポイントは見える在庫管理

在庫管理の実務では、Excel ベースであったり専用の在庫管理システムであったりとその方式はさまざまでしょうが、IT システムを活用して在庫の数量管理を行うのが一般的です。そのため、コンピューターを使うと、どの在庫がいくつ存在しているかをすぐに把握することが可能です。しかし、工場における在庫管理はそれだけでは不十分と考えてください。

在庫管理の実務を担ったことがある人は痛感していると思いますが、在庫管理において、棚卸し差異（在庫差異）には特に悩まされるものです。これは、コンピューター上に表示された在庫の数量と実際に現物を勘定し

第5章

たときの在庫数量とが異なることです。どの企業でも一定の比率でこの棚卸し差異が発生するものです。

　この原因にはさまざまありますが、「実際に使用したにもかかわらず、コンピューター上に記録を適切に入力していなかった」、あるいは「品質問題が発生し、所定の使用量よりも多くの材料を使ってしまったけれども、その量が正確には記録に反映されていなかった」などが原因として挙げられます。

　もっと単純な例を挙げると、生産で150個の原材料が必要になったときに、コンピューター上では200個の在庫が存在していると表示されているとします。表示が正しければ、生産には問題なく進めます。しかし、現場の資材倉庫を見ると100個しか見当たらない。現物が100個しかないのだからと、不足した50個を追加で購入して生産を完了したものの、後で全く別の（普段は原材料を置かない）場所に、残りの100個の原材料が見つかったので追加購入は本来ならば必要がなかった、といったものです。同様の経験をした人は少なくないことでしょう。こうした事態に陥ることを防ぐのが、見える在庫管理です。

　現物が、どこに、いくつあるのかということを、できる限り「見て分かる状態」をつくっておくことは、在庫管理の基本になります。先ほどの例のように、複数の箇所に分散して在庫が置かれ、そして、複数の箇所に分散して置いたことを担当者が忘れてしまうと、いつの間にか現物が見当たらずに慌ててしまい、必要であれば急きょ手配するといったことが生産現場ではごく普通に行われてしまうわけです。

　これらを防ぐためには、在庫の置き場をきっちりと整理・整頓し、かつ表示・標識によって、「ここには、何が、いくつあるのか」を分かりやすくしておくことが大切になります。現場の在庫管理をこのように現物重視に

しておくと、工場の管理者は、倉庫や工場内を歩くだけで異常に気づきやすい状態にすることができます。

　こうすれば、違った所にものが置かれていたり、決められた場所からものがあふれていたりといった良くない状態（異常）を目で見て確認することができます。そのため、いちいちコンピューターを使って何か問題はないかと探し回る必要がありません。現場を見るだけで、現場における在庫の異常には気づくことができるのです。

　現場を見て分かる状態にしておけば、ものを持ってきた人は置きやすく、ものを持っていく人は取りやすく、棚卸しをする人は棚卸しをしやすいといった具合に作業が楽になる効果もあります。加えて、現場でのミスが減るといったメリットもあります。従って、管理上も実務上も、在庫は確実に「見える化」を推進しておくべきだと理解してください。

　さらにいえば、在庫管理の基本でもある「先入れ先出し（FIFO：First-In First-Out）」を確実に行うためにも、整理・整頓や表示・標識といった見える化が極めて有効な手段になります。

　ITシステムが進化することで、全ての原材料や仕掛かり品、製品にRFIDタグのようなものが付き、どこに、何が、いくつあるのかを人が介在しなくてもすぐに分かる時代が来ることは間違いありません。先進企業では既に実用化されていることも周知の事実です。しかし、そこまでのシステム投資ができない企業もまだまだ多くあります。将来的には楽になることを夢見てよいと思いますが、足元の在庫管理では人の介在が避けられない企業がほとんどだと思います。従って、在庫の見える化の必要性は当面は変わらないと筆者は考えています。

5.3.7　システム活用を見据えた業務プロセスの進化と在庫

　在庫管理の仕組みやロジックを IT システムに落とし込み、人が行っていたさまざまな業務を自動化する動きは不可逆的に進んでいきます。既に一定の判断業務まである種の機械学習に置き換えて自動化している企業もあるほどです。

　ここで、1つの重要な視点があります。本書で述べているように、在庫管理には、その企業の経営戦略に連動した在庫の持ち方や在庫管理の方針が必要になります。また、自社の営業方針や自社のものづくりの考え方にも、在庫管理は大きな影響を受けます。

　経営戦略にひも付いた各部門の方針は、全てその企業における事業の強みを生み出すために存在しています。その強みを生かした仕組みや業務プロセスを構築することが、企業が競合他社との競争環境で勝ち残るための手段となります。

　ところが、そうした企業の競争力の源泉となる仕組みや業務プロセスを深く考えずに、在庫管理の業務を下手に IT システムに組み込んでしまうと、自社の持っている仕組みや業務プロセスの強みが薄れてしまう危険性があります。

　例えば、顧客から急な納期変更の要請が来たとき、関係する部門が集まり、「各部門の事情を考慮して生産計画をどう変更するべきか」や「どのサプライヤーにどのような対応方針で納期の前倒しを要請するのか」といった、泥臭いことを協議して対応に移すことを強みとしている企業があったとします。そうした企業で、導入した IT システムが人間臭い協議ではなく、工数配分や作業時間などの客観的な指標で計画変更を行うことを前提としていた場合、この企業の強みは発揮できなくなってしまいます。

　あるロジックで動く在庫管理の汎用的な IT システムを導入すれば、どの企業でも同じシステムの効果を享受することができます。これをコモディティー（陳腐）化と呼びます。自社の業務プロセスの強みである部分を生かさずに、目先の業務効率を追い掛けてコモディティー化した IT システムを導入するとどうなるでしょうか。IT システムの要請に従って自社の業務プロセスを変えることになるでしょう。これでは自社が持っていた強みを失い、競合他社と同じレベルの競争力に落ちてしまうことになります。

　確かに、IT システムを導入しなければ競合他社の業務効率に負けてしまうといった危機的な場合には、IT システムの導入は「競合他社よりも劣位になることを避ける」効果をもたらす可能性があります。とはいえ、現実には IT システムの導入で現場の実務が混乱し、生産性がむしろ悪化する事例も珍しくはありません。

　自社の業務プロセスが持っている強みを打ち消す IT システムを導入すると、企業の競争力は失われてしまい、競合他社に勝つことはできないのです。

　この背景には、自社向けにカスタマイズした IT システムを導入すると非常に費用がかかるという現実があります。特別な費用がかかるカスタム対応をできる限り減らし、既に完成されたシステムを活用すれば、IT システム投資の費用を節約することができます。その分、自社の業務プロセスをシステム側の要請に合わせて変えるのです。

　しかし、自社なりの営業の方法や、それに連動した生産の方法に工夫があり、それらが競合他社に対して競争力を持っている場合は、IT システムの導入が競争力の源泉となる業務プロセスに悪影響を及ぼさないかどうかを十分に検討しなければなりません。もしも IT システムの導入によっ

　て自社の業務プロセスの強みが損われると判断した場合は、そのITシステムをそのまま導入するのではなく、自分たちの強みをいかにそのITシステムに織り込むかを議論する必要があると認識してください。

　筆者はITシステムによる在庫管理を否定するつもりは毛頭ありません。適切なITシステムは、まさに企業にとって「鬼に金棒」であり、優れた業務プロセスを構築している企業が、それをバックアップできる優れたITシステムを運用すると、その競争力が飛躍的に高まることは間違いありません。

　注意すべきは、手段と目的の混同です。ITシステムは企業の競争力を強くするための手段です。「在庫管理でもDX（デジタルトランスフォーメーション）は必須だ」といった掛け声に押されてITシステムの導入を目的化してしまい、「システム導入の制約があるから」といった形で、自社の仕組みや自社の業務プロセスの優位性を損ねることは、手段と目的が入れ替わったことにほかなりません。

　実務の担当者は目前の業務の効率を最大化したいと考えるものです。従って、便利なITシステムがあれば導入したいと主張することは当然のことです。しかし、管理者は、自社の仕組みや業務プロセスのどこに優位性があるのかを冷静に考えて、その優位性を損なわない形で在庫管理に役立つITシステムを導入するという視点を忘れてはなりません。

参考文献

・A.T. カーニー監修, 野田武編著,『最強の調達戦略』, 東洋経済新報社, 2014 年.

・Jay B. Barney, "Gaining and Sustaining Competitive Advantage, Second Edition", 2002.（ジェイ B. バーニー, 岡田正大訳,『企業戦略論【上】基本編─競争優位の構築と持続』, ダイヤモンド社, 2003 年）

・EY 新日本有限責任監査法人編,『Q&A 棚卸資産の会計実務』, 中央経済社, 2019 年.

・Michael E. Porter, "Competitive Strategy", The Free Press, 1980.（土岐坤・中辻萬治・服部照夫訳,『新版 競争の戦略』, ダイヤモンド社, 1982 年）

・朝日監査法人編,『図解 ひとめでわかる連結財務諸表』, 東洋経済新報社, 1999 年.

・朝日監査法人・アーサーアンダーセン編,『第 4 版 有価証券報告書の見方・読み方』, 清文社, 2001 年.

・石川和幸,『だから, あなたの会社の「在庫改善」は失敗する』, 日刊工業新聞社, 2009 年.

・伊丹敬之・加護野忠男,『ゼミナール 経営学入門 第 3 版』, 日本経済新聞出版社, 2003 年.

・内田勝也,『セキュリティ心理学入門』, 学術研究出版, 2022 年.

・エステー,『有価証券報告書』, EDINET, 2021 年.

・大野耐一,『トヨタ生産方式』, ダイヤモンド社, 1978 年.

・大嶌弘子・大前寛子・櫻井勇樹,「理論在庫による棚卸管理の高度化」, 東芝レビュー, 2015 年 7 月号, pp.50-53.

・カーボンブラック協会編,『カーボンブラック年鑑』, 2012 年, 62 号.

・加藤治彦,『図解でわかる生産の実務 生産管理』, 日本能率協会マネジメントセンター, 2002 年.

・片山和也,『ぐるっと！ 生産管理』, すばる舎リンケージ, 2015 年.

・神谷俊彦編著,『生産管理の実務と問題解決徹底ガイド』, アニモ出版, 2018 年.

・木内正光,『生産現場構築のための生産管理と品質管理』, 日本規格協会, 2015 年.

・経済産業省経済産業政策局産業資金課編,『先進企業から学ぶ事業リスクマネジメント 実践テキスト』, 経済産業調査会, 2005 年.

・経済産業者,『令和 4 年版 通商白書』, 2022 年.

・経済産業省・厚生労働省・文部科学省,『2022 年版 ものづくり白書（令和 3 年度 ものづくり基盤技術の振興施策）』, 2022 年.

・小林俊一,『図解でわかる生産の実務 在庫管理』, 日本能率協会マネジメントセンター, 2006 年.

・坂口孝則・牧野直哉編,『大震災のとき！ 企業の調達・購買部門はこう動いた』, 日刊工業新聞社, 2011 年.

・桜井久勝,『財務諸表分析 第 7 版』, 中央経済社, 2017 年.

・「日本のゴジラが帰ってきた！『シン・ゴジラ』にハマる人々」,『女性セブン』, 2016 年 9 月 15 日号.

・高田直芳,『高田直芳の実践会計講座「管理会計」入門』, 日本実業出版社, 2008 年.

・中小企業庁,『2022 年版 中小企業白書』, 2022 年.

・中小企業庁,『2022 年版 小規模企業白書』, 2022 年.

・日本規格協会編集,『JIS ハンドブック 57 品質管理』, 日本規格協会, 2021 年.

・平野裕之,『製造企業と生産管理』, 日刊工業新聞社, 2001 年.

・平野裕之,『流れ生産と 1 個流し』, 日刊工業新聞社, 2001 年.

・藤本隆宏,『生産マネジメント入門Ⅰ 生産システム編』, 日本経済新聞出版社, 2001 年.

・藤本隆宏,『生産マネジメント入門Ⅱ 生産資源・技術管理編』, 日本経済新聞出版社, 2001 年.

・松尾絹代,『ほんとうにわかる棚卸資産会計の実務』, 日本実業出版社, 2008 年.

・光國光七郎,『経営視点で学ぶグローバル SCM 時代の在庫理論』, コロナ社, 2005 年.

・三菱総合研究所政策工学研究部編,『リスクマネジメントガイド』, 日本規格協会, 2000 年.

・三菱 UFJ リサーチ＆コンサルティング,「令和 3 年度製造基盤技術実態等調査 我が国ものづくり産業の課題と対応の方向性に関する調査報告書」, 2022 年.

・リスクモンスターデータ工場、『取引先リスク管理 Q&A』、商事法務、2014 年.

・湯浅和夫・内田明美子・芝田稔子、『最新 在庫管理の基本と仕組がよ～くわかる本 第 2 版』、秀和システム、2011 年.

・高市清治、「部材不足が「在庫」の常識変える 繰り返される不測の事態に即応」、「特集 1 在庫を再考せよ」、『日経ものづくり』、2022 年 3 月号、pp.44-47.

・坂口孝則、「JIT と在庫削減が“悪”になる時代」、「特集 1 在庫を再考せよ」、『日経ものづくり』、2022 年 3 月号、pp.48-49.

・中山力、「9 割超が「生産計画に影響を受けた」対策は先行発注、複数購買、在庫増」、「特集 1 在庫を再考せよ」、『日経ものづくり』、2022 年 3 月号、pp.61-64.

・近岡裕、「家庭用エアコンで過去最高 887 万台へ ダイキンが「弾切れ」に強いワケ」、『日経ものづくり』、2022 年 9 月号、pp.24-26.

・岩野恵、「「価格最優先」は昔の話、調達リスクで変わった製造業の価値観」、『日経 xTECH』、2022 年 9 月 14 日.

・古谷賢一、「モノづくり基本の木（全 13 回）」、『工場管理』、2014 年 5 月号～2015 年 5 月号.

・古谷賢一、「モノづくり基本の木 II（全 13 回）」、『工場管理』、2015 年 7 月号～2016 年 7 月号.

・古谷賢一、「モノづくり基本の木 III（全 29 回）」、『工場管理』、2016 年 8 月号～2018 年 12 月号.

・古谷賢一、「リスクの現状把握と調達先の見直し必要」、「緊急調査 新型コロナウイルス感染拡大による製造業への影響」、『工場管理』、2020 年 5 月号、pp.77.

・古谷賢一、「ウィズコロナ時代に強い工場となるための在庫最適化とは」、『工場管理』、2021 年 3 月号、pp.12-17.

・古谷賢一、「中小企業における、これからの生産管理のポイント」、『型技術』、2016 年 6 月号、pp.23-26.

・古谷賢一、「アフターコロナ時代に押さえておくべき「モノづくりの基本」」、『型技術』、2020 年 9 月号、pp.68-71.

・古谷賢一、「アフターコロナ時代にこそ必要な工場の“基礎力”」、『経営センサー』、2020 年 12 月号、228、pp.32-36.

・古谷賢一、「工場力強化の達人 古谷賢一の強い工場の育て方（全54回）」、『日経 xTECH』、2016 年 10 月 27 日～2019 年 4 月 4 日.

・古谷賢一、「ゲンバはこうして崩壊した 本当に怖い基礎力「ものづくり 1.0」の弱体化」、『日経 xTECH』、2019 年 1 月 31 日（連載中）

・古谷賢一、「もう言い訳できない、個人依存の業務の解消 コロナ後に明確なリスクに」、『日経 xTECH』、2020 年 5 月 28 日.

・古谷賢一、「在庫は悪か正義か 非常事態はずさんな管理の免罪符にならず」、『日経 xTECH』、2022 年 4 月 14 日.

・古谷賢一、「シン・在庫論」、『日経 xTECH』、2022 年 4 月 21 日～（連載中）

・古谷賢一、『世界レベルの工場の経営・運営を目指す 工場長の教科書』、日経 BP、2022 年.

・Boston Consulting Group、令和 2 年度内外一体の経済成長戦略構築にかかる国際経済調査事業（アジア大でのサプライチェーン強靭化に向けた調査）、経済産業省、2021 年、https://www.meti.go.jp/meti_lib/report/2020FY/000173.pdf

・Boston Consulting Group、令和 3 年度内外一体の経済成長戦略構築にかかる国際経済調査事業（グローバル・サプライチェーンの可視化に関する調査）、経済産業省、2021 年、https://www.meti.go.jp/shingikai/external_economy/global_supply_chain/pdf/001_s02_00.pdf

・ENEOS ホールディングス、市況情報 原油価格、2022 年、https://www.hd.eneos.co.jp/ir/library/market.html

・経済産業省、2021 年経済産業省企業活動基本調査、2022 年、https://www.meti.go.jp/statistics/tyo/kikatu/index.html

・財務総合政策研究所、法人企業統計調査 2021 年度、財務省、2022 年、https://www.mof.go.jp/pri/reference/ssc/results/index.htm

・中小企業庁、令和 4 年 中小企業実態基本調査、2022 年、https://www.chusho.meti.go.jp/koukai/chousa/kihon/index.htm

・帝国データバンク、新型コロナウイルス関連倒産の発生累計件数、2022 年、https://www.tdb.co.jp/tosan/covid19/index.html

・三菱 UFJ 銀行、外国為替相場チャート表、2022 年、https://www.bk.mufg.jp/tameru/gaika/realtime/chart.html

おわりに

　本書は、筆者が執筆している日経BPの技術者向けWebサイト『日経クロステック』のコラム「シン・在庫論」をベースに大幅に加筆したものです。このコラムに冠した「シン」というタイトルは、アニメーションや特撮映画で高く評価されている庵野秀明氏の『シン・エヴァンゲリオン劇場版』や、『シン・ゴジラ』などの作品群に対するオマージュでもあります。これらの作品群のタイトルには特徴的なカタカナの「シン」という言葉が冠されています。この意味は、庵野監督ご本人からの言葉は明らかになっていませんが、シン・ゴジラのプロデューサーで、東宝の山内章弘氏が「これは、庵野総監督のアイディアです。"新、真、神…"見る人にさまざまなことを感じてもらいたいということで、正解があるわけではありません（『女性セブン』2016年9月15日号）」と語っています。

　筆者は、この「シン」という言葉の意味を、「オリジナルの世界観を維持したまま、そこに新しい解釈や、現代の時代に合った意味付けを行うこと」だと考えています。本書の基になったコラム「シン・在庫論」も、そして本書も、従来の在庫論を否定するものではありません。従来の在庫論の重要な視点や実務での有益な点、注意すべき点を確実に押さえた上で、今の時代に即した形で、在庫の意味を問い直すことを狙いとして執筆しました。

　また、本書はITシステムを活用した在庫管理を否定するもので

もありません。特に、煩雑な実務を伴う在庫管理において、IT シ
ステムの果たす役割はとても大きく、もはや今後の在庫管理で IT シ
ステムの補助なく実務をこなすことは難しいと考えるべきです。し
かし、IT システムへの安易な置き換えは、在庫管理を単なる実務に
矮小化してしまう危険性もあると考えています。「その在庫は経営
の目的を果たすために貢献したのか」、そして「我が社の経営戦略
における在庫の位置づけは何か」など、経営の目的を果たすための
在庫の経営的な議論は IT システムではなく、それらを活用する人
間がしっかりと考える必要があるのです。本書がこうした議論に対
する問題提起の役割を果たせることを願っています。

　最後になりますが、本書の執筆に際し、日本の産業が在庫の在り方
を再考する時期にあるとの考えに共感していただいた、日経 BP 近
岡裕さん、サンク松岡りかさん、白井佐和子さんには言葉に尽くせな
いほどのご助力をいただきました。この方々の支援なくして本書は
生まれませんでした。改めてお礼を申し上げます。また、本書の執筆
に当たり、調達実務の最前線で直面している課題について多くの示唆
をいただいた、大手ゴム製品メーカーの春日倫弘氏にこの場を借り
てお礼申し上げます。そして最後に、日本の産業に貢献したいとい
う筆者の強い思いを理解していただき、多大なご支援をいただいた筆
者の所属するジェムコ日本経営の佐藤葵社長にお礼を申し上げます。

2023 年 1 月　古谷賢一

目的志向で不確実性に勝つ

在庫戦略の教科書

2023 年 1 月 10 日　第 1 版第 1 刷発行

著者　　　古谷賢一
発行者　　戸川尚樹
発行　　　株式会社日経BP
発売　　　株式会社日経BPマーケティング
　　　　　〒105-8308 東京都港区虎ノ門4-3-12
編集　　　松岡りか、近岡 裕
デザイン　Oruha Design（新川春男）
制作　　　美研プリンティング株式会社
印刷・製本　図書印刷株式会社

© Furutani Kenichi 2023 Printed in Japan
ISBN978-4-296-20121-1

本書籍に関するお問い合わせ、ご連絡は下記にて承ります。
https://nkbp.jp/booksQA